元公認会計士が月**7万**貯めた

かさましフライパンレシピ

山口あんな
（うさまる）

主婦の友社

※廃業届出済み。

ママ
（39歳）

この本の著者。公認会計士現役時代はお酒と辛い料理で激務の疲れを癒やした。料理は10歳から。いかに効率的に作るか追求。リラックマが好き。

パパ
（45歳）

健康オタクな会社員。愛読書は自己啓発書。掃除好き。野菜のおかずが必須で、ないと不機嫌。

長男
（10歳）

世話好きで妹弟たちが大好き。「（何に）こまっとーと？（困ってるの?）」が口グセ。

長女
（8歳）

的確な状況判断で上手にポジションをとる冷静なお姉ちゃん。葉物野菜大好き。

末娘
（4歳）

最高の自由人で意思表示強め。長男と張り合うくらいによく食べ、よく遊ぶ。

次男
（6歳）

ママのSNS投稿を常に見守ってきた野菜大好きっ子。丈夫で陽気、よく歩く。

詳しくは Part3
（p.75〜88）を
見といてー

6人家族の
家計費、
見直すポイントは
ココ！

家計簿と在庫管理を徹底

- ☐ 固定費は常に見直し
- ☐ 変動費はとくに食費に注目
- ☐ 昼食、間食、夕食、外食、飲み物で分ける
- ☐ 予算オーバー分の原因を見逃さない
- ☐ 常に分析と改善

買い物にルール

- ☐ 買い物は週1限定
- ☐ 子どもたちの「これ作って」は参考程度
- ☐ 野菜は八百屋さんで2000円以内を目安
- ☐ 見切り品はお宝
- ☐ おやつ、パンは買わない
- ☐ 間食で気をゆるめない

節約→家計黒字化は
年単位で管理
上手に管理して
養育費と老後資金に

「それ今いる？」
子どもたちにも説明
家族みんなで
仲良く協力

旬の食材でかさまし料理

- ☐ かさましで苦手食材克服
- ☐ 庭の野菜を有効活用
- ☐ おやつ、パンは手作り
- ☐ 凝ったものは作らない
- ☐ 子どもたちのアイディアで新レシピに

＼うさまるさんの／
かさまし料理のココがいい！

娘が偏食で、新しい食材には見向きもせず、お肉が苦手。うさまるさんのレシピを作ると自分から「もっと食べたい！おかわりしたい！」と言ってくれるようになりました。（ひろみんママ）

毎日投稿を見ているだけで幸せになっています。投稿だけでなく、ストーリーズに載っている夕飯すべてがおいしそうで、いつか食堂を開いてほしいと思っています。（eveさん）

献立のマンネリ化に悩んでいました。うさまるさんに出会ってごはんを作るのが楽しいです。娘が「最近のお母さんのごはん、おいしい!!今日も200点だよ」と言ってくれて最高です。（yuka no noさん）

鶏むね肉はワンパターンになりがちで、家族の反応がいまいち。うさまるさんのかさましレシピは気づかれずパクパク食べてくれるので、とっても助かってます！ おかげで食費も抑えられました。（ayuさん）

子どもたちにいろいろ食べてほしいから
かさまし料理が生まれたわけやけど
がんばって節約したり、
義務感だけになりがちっちゃん
どうしても手作りになることが多いし、
食費を削ろうっち思うと、
節約食材を使うと献立がマンネリ化しよって、
毎日これだと疲れるけん
作りたくなくなるとよ

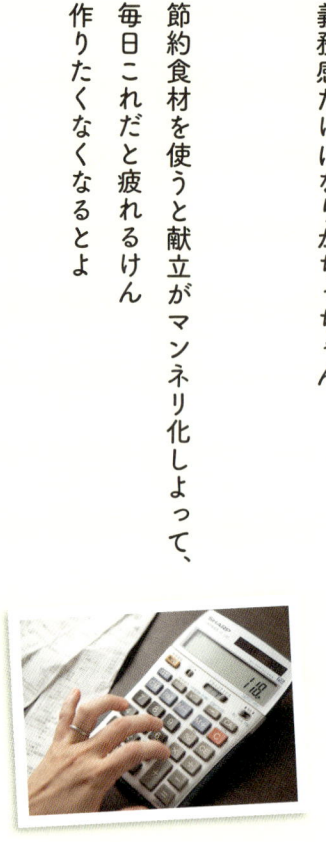

だからね、
おもしろく楽しく料理した先に
家族の大きな笑顔があって、
結果的に節約につながったら
ええなーっち思っとると

「ええ、〇〇が入っとるとー？」とか
「ぜんぜんわからんやん」っち言われたら
楽しいやん
会話が増えるやん

そんなふうにして生まれた
かさまし術
いろんなレシピがあるけん、見てってやー

もくじ

Part 1 家計を守る主役！ かさましおかず BEST 25

この本の決まり

● とくに表記のない場合、材料は4人分です。

● 小さじ1は5㎖、大さじ1は15㎖、1カップは200㎖、1合は180㎖です。

● AやBでまとめて表記されている調味料は、あらかじめまぜてから使ってください。

● 野菜は、洗う、皮をむく、へたをとるなどの手順の表記は省いています。

● フライパンはフッ素樹脂加工のものを使用しています。

● 電子レンジの加熱時間は600Wの場合の目安です。機種によって差があるので、様子を見ながらかげんしてください。基本的に電子レンジ用カバーかラップをします。

● 1食分の金額は、食材購入時の価格から計算し、きりのいい数字にしました。

● 作業時間は、料理が完成するまでにかかる時間の目安です。豆腐を冷凍する、解凍する、食材をつけ込むなどの時間は含みません。

● 再生回数、保存数ともにInstagramの記録です。（2024年12月上旬）

好き嫌いが多い子も
パクパク食べる
家族も大満足

準備

かさまし食材変身術

安く入手した食材をいかにマンネリ化させずにおいしくするか。
食事作りを担当する人はいつも頭を悩ませている問題です。
そんな人こそ、誰にでもできる簡単な方法で
倍増させるかさまし術、ぜひレパートリーに加えてください。

かさましスタメン食材はこれ！

家計のお助け食材といえば、鶏むね肉に豚こまぎれ肉、そして旬の魚！肉や魚、粉類と調味料をまぜ合わせてメインおかずのタネを4人分（＊）作ります。

＊わが家は6人家族ですがレシピは4人分にしています。

かさまし食材

試行錯誤の結果、焼き麩、豆腐、高野豆腐がかさまし料理のスタメンに。作りたい料理に応じて単独で、あるいは合わせ技で使います。

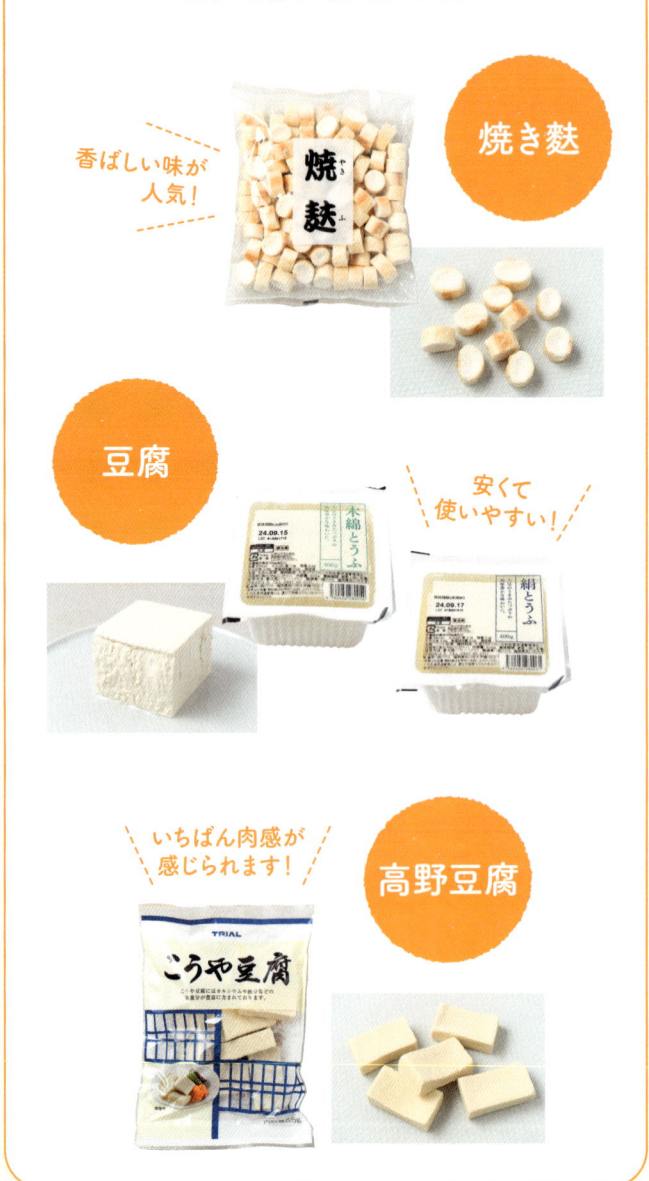

焼き麩

香ばしい味が人気！

豆腐

安くて使いやすい！

いちばん肉感が感じられます！

高野豆腐

メイン食材

栄養たっぷりで、安くて使いやすい鶏むね肉と豚こまぎれ肉、青魚を
メインに常にストック。細かく切ってかさまし食材を合わせて、
焼いたり、揚げたり、たれをからめたりして楽しみます。

豚こまぎれ肉 350g

鶏むね肉 350〜400g

- 100gで55円ほど
- 鶏皮を残すか残さないかはお好みで
- 1cm程度の角切りにするか、大きめに切って食感を楽しんでも

- 100gで95円ほど
- 1cm程度に細かく切ったり、食感を残して大きめに切ったり、仕上げの味つけや食感など、目指すゴールに合わせて準備します

魚 400g

- 魚種によって値段に差あり。大量パックを見つけたら即買い
- 缶詰や冷凍を使うことも
- 缶詰や刺身用、切り身を使う以外は、内臓をとり除く、骨をとるなどの作業が必要です

ココが POINT!

苦手食材こそ かさまし料理にイン!

家族の偏食克服を目的に生まれたかさまし料理。苦手な食材やできれば避けたい食材などがあっても、まぜてしまえば家族は気づかずパクパク。子どもたちから「え、あれが入ってると? わかんなかったー」と言われて、何度ガッツポーズしたことか!

かさまし食材をおいしく変身させる

基本のかさまし食材と肉・魚、粉類と調味料を合わせてメインおかずのタネを作ります。すると、単なるかさましではなく、新たな食感や味わいができる！　レッツチャレンジ！

メイン食材

鶏むね肉
豚こまぎれ肉
魚

かさまし食材

焼き麩

豆腐

高野豆腐

① かさまし食材とメイン食材を合わせる

ボウルに下準備したかさまし食材、メイン食材を入れる。

② 粉類・調味料を加えてよくまぜる

豆腐の場合

かさまし食材の中でも、特に豆腐（水きり、冷凍）は水けをしっかりとしぼる！水けをいかに少なくするかが肉感を増すポイント。

焼き麩の場合

最初は肉や調味料がもつ水分でまぜて、様子を見ながら水を足すとちょうどよくなる。食材の水分量によってはレシピ記載の水が不要な場合もある。

高野豆腐の場合

熱湯でもどしてから細かくちぎるかフードプロセッサーで粉砕する。

ココがPOINT!

つなぎに使う粉類は薄力粉、片栗粉、米粉など家にあるもので。タネのやわらかさを調整してください。米粉は薄力粉や片栗粉で代用可能です。

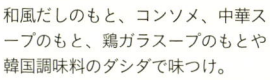

タネは
しっかりめの
味つけ

和風だしのもと、コンソメ、中華スープのもと、鶏ガラスープのもとや韓国調味料のダシダで味つけ。

チューブしょうがとにんにく、マヨネーズで下味。マヨネーズはむね肉をしっとりさせる効果が。

⑤ 調味料で 味つけ

調味料を入れて、味つけ。器に盛りつけたら完成です。

④ 焼く、しっかり 加熱する

フライパンに油を熱し**3**を焼く。両面にこんがりとした焼き色をつける。

③ タネの成形

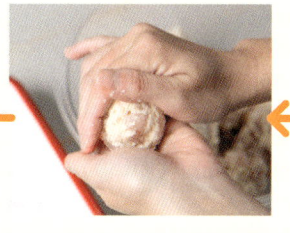

好みの形、仕上げる味に合わせて成形し、粉をまぶす。平べったくすると火の通りがよくなり、油も最小限に。

たんぱく質 たっぷりめを意識

ココが
POINT!

少ないメイン食材でも、しっかりたんぱく質がとれる食材をかさましに使うことで、栄養価的に問題のない、でも節約につながるメイン料理が完成します。味つけでいろいろ試すと楽しいです！

洗い物が 最小限になる?!

ココが
POINT!

フライパンの中でタネを作って成形、油を加えて焼いてしまえば洗い物が最小限に。ただし焼き色が薄く仕上がったり、残ったタネが焦げたりすることもあるので注意。

ココが
POINT!

成形はゴツゴツのまま、食べごたえ重視で。

かさまし食材の下準備

かさまし食材は、それぞれレシピに合わせて下準備します。私は朝食の前に、夕食用かさまし食材の下準備も一緒にやってしまいます。

いつもわが家で使っているのは、小粒になった焼き麩です。カリッとした食感と焼き麩の香ばしい香りが残り、肉となじみがよいので家族に人気です。

- ●1回に使用するのは70g程度
- ●1パック（45g）90円ほど
- ●肉や魚に焼き麩の風味が加わっておいしい

焼き麩

焼き麩ダネの作り方

② きれいに全部つぶしてしまうより、焼き麩の形を少し残したままにするのがおすすめ。より食感が増す。

① バットに材料をすべて入れ、焼き麩を手で握りつぶしながらまぜる。

③ 好みの形に成形した後。米粉や小麦粉、片栗粉をまぶすと唐揚げのようになり、カリカリしておいしい！

パンの生地をこねるくらい力を入れてしっかりと練り込む。

ココが
POINT!

焼き麩に水を加えてまぜた状態（成形する前）。まとめて持ち上げても落ちないくらいを目安にしてください。

焼き麩の種類について

商品によってとてもかたいものがあります。ひとつつぶしてみてかたいようなら、まぜる前にあらかじめ砕いておいてください。車麩でも作れますがかたいので、フードプロセッサーで粉砕すると使いやすくなります。

そのまま手でつぶしてまぜ込む、泡立て器やハンドブレンダーでなめらかにする、凍らせて使うなど、さまざまなレシピに登場します。

豆腐

- 1丁400gのものを使用（水きり、冷凍前）
- 絹ごしでも木綿でもお好みでOK
- 絹ごしはやわらかい食感で木綿はしっかりとした歯ごたえが楽しめます
- 1丁45円ほど

冷凍豆腐の準備

冷凍室で凍らせて。解凍は冷凍室から出して電子レンジにかける。肉のような食感でカツや角煮に◎。

＊冷凍豆腐と本書では呼びます

1
パックの水を捨てて、耐熱の容器に移し替えて蓋をして冷凍する。

2
冷凍室から出したら、蓋をはずしてラップをかけて電子レンジで8分加熱する。解凍がたりない場合は様子を見ながら1分ずつ追加する。

3

あら熱がとれたら、しっかりと握るように水けをしぼる。

使う前に、ぎゅーっと両手で握りしめて水けがなくなるまでしっかりとしぼるのがおいしさをつくるポイント。

ココが POINT!

／このくらいの状態に

水きり豆腐の準備

指で押したら弾力を感じるくらい。水が出るので、しっかり水けをきる。やわらかい食感に仕上げたいつくねや、魚のかさましに使う。

**水きり後の
絹ごし豆腐と
木綿豆腐**

1
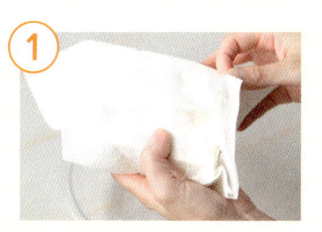

パックの水を完全に捨てて、キッチンペーパー2枚で包む。

2

耐熱ボウルなどに入れて電子レンジでラップなしで10分加熱する。

3

加熱後は豆腐の上に重しをおき、最短で15分水きりする。出てきた水は捨てる。

まだ水が出るので捨てる。

ココが POINT!

水分が多いとべちょっとした食感になるのでしっかり水きりします。

高野豆腐をかさまし食材にするには2通りのやり方があります。水または熱湯でもどして細かくちぎる、またはフードプロセッサーで粉状にする、のいずれかです。準備しやすいほうで。

- 1回に使用するのは65ｇ程度
- 1パック98円のものを使用
- そのままではなくひと手間加えて使用

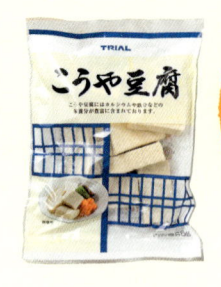

高野豆腐

フードプロセッサーで粉状に

フードプロセッサーやハンドミキサーがある場合は、高野豆腐を細かく粉砕すると使いやすくなります（p.26参照）。

粉状になった高野豆腐。

水きりしていない豆腐をまぜると、ちょうどのかたさになる。

ココが
POINT!

おからパウダーを使っても！

フードプロセッサーがない場合は、おからパウダーでも同様にこの本のレシピが作れます。まとまりにくい場合は水で調整したり、水きりしていない豆腐を加えてまぜてください。

ココが
POINT!

まとまりにくいので、ぎゅっと力をこめて握るようにしてください。片栗粉または米粉を多めにしたり、水きりしていない豆腐1/2丁（200ｇ）を加えてまぜると成形しやすくなります。

5mmぐらいの粒にする。

もどしてちぎる

高野豆腐は水または熱湯につけてやわらかくもどしておく。熱湯につけると食感が肉っぽくなる。やけどに注意。

① 熱湯だと水より早くもどるので時短になる。

② 水にさらし、やけどに気をつけながら、ぎゅっとしぼる。

③ 手で細かくちぎる。肉や調味料、粉類を入れて成形する。

ほかにもあります！
かさまし食材こんなアイディア

かさましはアイディア次第。おうちのストック食品を上手に使ってみて！

そうめん
はるさめ

食品庫に眠ったままのものはありませんか？　どちらもゆでてから使います。

えのき、
エリンギなど
きのこ類

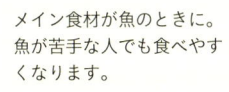

えのきは5mmの長さに、エリンギは1cm角にすると食感が残って効果大。

はんぺん

メイン食材が魚のときに。魚が苦手な人でも食べやすくなります。

厚揚げ

切るだけで使えるので時間がない日に◎。食感がほしいときにもよく使います。

もやし

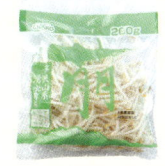

節約食材の代表格。もやしとわからないように加えています。

● 袋のまま冷凍が可能、冷凍庫に常備
● 1袋25円のものを使用

①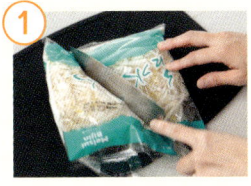

袋ごとたたいて細かくします。

②

水けが出たらぎゅっとしぼる。

> かさましの仕上げ
> 大好きな味で
> 家族をだます！

基本調味料は地元の味

子どもの頃から慣れ親しんだみそ、しょうゆを愛用。

ハーブソルトは仕上げにさっと振ります。

ガツン味で！

とんかつソース、オイスターソース、コチュジャン、焼き肉のたれ。

よく使う調理道具はこちら！

調理はほぼフライパンひとつで。時間がないときは、そのまま焼いて、味つけしてしまうことも。わが家で頻出の道具たちはこちらです。フライパンの中でタネを作って

愛用のフライパンは深型直径28cmのフッ素樹脂加工が施されたもの。

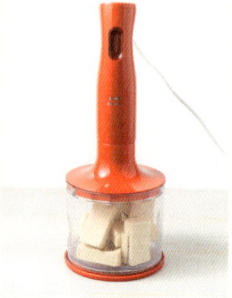

ハンドブレンダーに付属の容器に高野豆腐を入れて、粉状にしています。

❶バット
❷ポリカーボネート製ボウル
　電子レンジ使用可能で割れないので愛用中。
❸はさみと泡立て器
❹ハンドブレンダー
　豆腐をなめらかにしたり、まぜたりするときに使用。
❺ポリ袋
　かさましの材料を全部入れてもみ込むのに便利。
❻電子レンジ用カバー
　ラップより便利。さっとかけるだけ。

冷凍豆腐の解凍や、水きりをするのに電子レンジは欠かせません。わが家は600Wで使用。

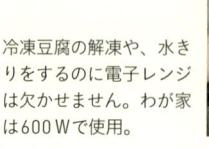

うちの家族イチオシ
かさまし料理

とんカツ

勝負に「カツ（勝つ）」にひっかけて、コンクールや運動会などの前日に作ります。勝ち負けというより、自信を持って挑んでほしいという気持ちを、カツに込めています（p.46参照）。

包まないシュウマイ

うちの子どもたちはシュウマイが大好きで、よくリクエストがあるけど包むのが大変。包まずにひっくり返すだけでシュウマイっぽくでき上がるこれ、自信作です（p.35、p.122参照）。

お麩だけ唐揚げ

長男長女はお肉が嫌い。でもパパは食べたいと言うので作ったら大ヒット。今は肉や魚をまぜていますが、はじめは焼き麩のみ。本には未掲載ですが食感がおもしろくておいしいですよ。

Part 1

かさましおかず
BEST 25

鶏むね肉1枚で、豚こまぎれ肉1パックで、
魚の切り身1パックで！
家族がおなかいっぱいになる
大満足な主役級おかずが完成。
みんながよく知っているあの料理も、
かさましレシピで作れます。

最高傑作できました!

鶏むね麩南蛮

鶏むね肉の角切りに焼き麩を加えて
ボリュームアップ。がっつりお肉のような
食感に甘酢ダレがうまい!

Instagram
リール再生
787
万回

保存
17万人

フォロワーさん絶賛の声!

おいしそう!
見てすぐ
作っちゃいました

お肉だけよりお麩の
香ばしさが加わって
さらにおいしかったです!
ボリュームが出るので
わが家にぴったり

400円/4人分

28

材料 （4人分）

鶏むね肉… 1枚（350〜400g）

焼き麩… 70g

A
- 中華だしのもと（顆粒）… 大さじ½
- チューブにんにく、チューブしょうが …各小さじ1
- マヨネーズ… 大さじ2
- 米粉… 大さじ4
- 片栗粉… 大さじ3

水… 40〜50㎖

B
- めんつゆ（4倍濃縮）、みりん、カンタン酢（市販）… 各65㎖
- はちみつ… 大さじ1

サラダ油… 大さじ2

〈タルタルソース〉

玉ねぎ（みじん切り）… 100g

ゆで卵… 2個

細ねぎ（小口切り）… 50g

C
- マヨネーズ… 大さじ6
- しょうゆ… 小さじ1
- レモン果汁… 小さじ½
- 塩、こしょう… 各少々

かさまし食材

焼き麩

作り方 （作業時間20分）

1 鶏肉は1〜2㎝角に切ってバットに入れ、焼き麩と **A** を入れ、水を少しずつ入れながらまぜる。一口大に丸める。

2 フライパンにサラダ油を熱し、**1** を並べ、中火で両面を焼く。

3 焼いている間にタルタルソースを作る。玉ねぎをボウルに入れて電子レンジで6分加熱する。あら熱がとれたらゆで卵、細ねぎ、**C** を入れ、フォークで卵をつぶしながらまぜる。

4 **2** がこんがりと焼けたら、余分な油をふきとり、**B** を加え、からめながら煮詰める。

5 器に盛り、**3** をたっぷりかける。

ヒント！

タルタルソースは事前に作ってOK。まぜる具材はお好みでどうぞ。

凍らせただけなのに肉感すごい！

ヤンニョム冷凍豆腐チキン

韓国料理で人気のヤンニョムチキンを
冷凍豆腐でかさまし！
肉感マシマシになって最高なんです。

フォロワーさん絶賛の声！

豆腐はすぐダメに
なっちゃうけど、冷凍なら
いつでも使えますね。
見た目も肉にしか
見えません！

ちょっと辛いヤンニョム、
かさましだし
ビールにも合う！
飲みすぎちゃいました。

かさまし料理
BEST
2

Instagram
リール再生
110
万回

保存
1.2万人

材料 （14個分）

鶏むね肉… 1枚 (350〜400g)
冷凍豆腐… 1丁 (400g)

A
┌ 中華だしのもと (顆粒)…大さじ½
│ チューブにんにく、チューブしょうが
│ …各小さじ1
│ マヨネーズ…大さじ1
│ 米粉…大さじ4
└ 片栗粉…大さじ3

B
┌ トマトケチャップ…大さじ2
│ めんつゆ (4倍濃縮)…大さじ2
│ コチュジャン…小さじ¼〜
│ 食べるラー油…小さじ1
└ チューブにんにく…小さじ1

サラダ油…大さじ2

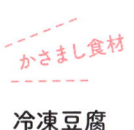

かさまし食材

冷凍豆腐

作り方 （作業時間15分）

1 ボウルに、解凍して水けをしぼった冷凍豆腐を入れ、細かくほぐす。

2 鶏肉は1〜2cm角に切って**1**に入れ、**A**を加えてまぜる。

3 フライパンにサラダ油を熱し、一口大に丸めた**2**を並べて中火で焼く。

4 全体に焼き色がついたら、余分な油をふきとり、**B**を加えてからめる。

ヒント！

コチュジャンの量はお好みで。子ども用には入れません。食べるラー油の辛さにも注意してくださいね。

カリカリ好きの皆さんへ！

やばい豚唐揚げ

高野豆腐に豆腐も加えたら、豚こまぎれ肉が
もう、たまらんカリカリ食感に。
青のりがいい仕事してます！

フォロワーさん絶賛の声！

栄養価高すぎて
マジで
やばくないですか？

ダイエット中でも
罪悪感なく
食べられそうで
うれしいです

かさまし料理
BEST
3

Instagram
リール再生
134
万回

保存
1.3万人

材料 （24個分）

豚こまぎれ肉…350g
高野豆腐…1袋（65g）
豆腐…1丁（400g）
えのきだけ（1cm長さに切る）…1袋（100g）
A ┌ コンソメスープのもと（顆粒）…大さじ1
  │ マヨネーズ…大さじ1
  │ チューブにんにく、
  │   チューブしょうが…各小さじ1
  │ 米粉…大さじ3
  └ 片栗粉…大さじ2

青のり…大さじ1
米粉…大さじ1
サラダ油…大さじ2

かさまし食材
高野豆腐

作り方 （作業時間20分）

1 高野豆腐をフードプロセッサーにかけて粉状にする。

2 ボウルに**1**と豆腐を入れてよくまぜる。

3 豚肉は1cm程度に切って**2**に入れ、えのきだけ、**A**を加えてまぜ、一口大に丸める。米粉と青のりをまぜて振りかける。

4 フライパンにサラダ油を熱し、**3**を並べ、焼き色がつくまで中火で焼く。途中、油が足りなくなったら大さじ1（分量外）を追加する。

ヒント！
フードプロセッサーがない場合はp.24参照。

ヒント！
豆腐は水きりせずに使います。しっかりまぜると高野豆腐がボロボロにならずにまとまります。

ヒント！
焼き目がつきにくいときは、油大さじ1を足して焼いてください。

400円／4人分

名古屋風甘辛チキン

「ごはん、おかわり！」の声に歓喜

甘辛だれは、子どもたちを虜にする！
あっという間になくなっちゃいます。

Instagram
リール再生
158万回

保存
3.3万人

材料 （4人分）

鶏むね肉… 1枚（350〜400g）
焼き麩… 70g

A
- 中華だしのもと（顆粒）…大さじ1/2
- チューブにんにく、チューブしょうが
  …各小さじ1
- マヨネーズ…大さじ2
- 米粉…大さじ4
- 片栗粉…大さじ3

水… 40〜50mℓ

B
- 料理酒、みりん…各65mℓ
- しょうゆ…50mℓ
- はちみつ…大さじ1
- 塩、こしょう…少々

サラダ油…大さじ2
黒こしょう…適量

作り方 （作業時間20分）

1 鶏肉は1〜2cm角でランダムに切る。

2 バットに焼き麩と**1**、**A**を入れ、水を少し
ずつ加えながら焼き麩をしっかりつぶして
まぜる。一口大に丸める。

3 フライパンにサラダ油を熱し、**2**を並べて
中火で焼く。

4 全体に焼き色がついたら、余分な油をふき
とる。**B**を加えてからめ、黒こしょうを振
る。

─ ヒント！ ─
- 米粉は薄力粉で代用可。吸水率が違うので、水は少
しずつ加えて調整してください。
- 1歳未満のお子さんが食べる場合ははちみつではな
く液体オリゴ糖などで代用してください。

34

350円／4人分

かさまし料理
BEST
5

豆腐カニかま焼きシュウマイ

めんどうな包みなしでおいしい

餃子の皮にタネをのせてひっくり返すだけ。
食べごたえ満点、簡単すぎると大絶賛されたとよ。

Instagram
リール再生
128万回

保存
2.8万人

材料 （20個分）

鶏むね肉… 1枚（350〜400g）
水きり豆腐… 1丁（400g）
A｛
中華だしのもと（顆粒）… 大さじ1
チューブにんにく… 大さじ1/2
片栗粉… 大さじ4
マヨネーズ… 大さじ1
｝
ねぎ（みじん切り）… 50g
カニ風味かまぼこ… 1パック（75g）
餃子の皮… 20枚
サラダ油… 大さじ2
ポン酢、からし、コチュジャンなど
（好みで）… 適量

作り方 （作業時間15分）

1 ボウルに豆腐を入れ、泡立て器かハンドブレンダーでクリーム状にする。

2 鶏肉はミンチ状にする。**A**、ねぎ、割いたカニかまとともに加え、しっかりとまぜる。

3 餃子の皮それぞれに2をスプーンですくってのせる。1個ずつ皮ごと持ち上げてひっくり返してフライパンに並べる。

4 サラダ油を回し入れ、中火にかける。焼き色がついたら器に盛り、ポン酢、からし、コチュジャンなどを添える。

ヒント！
● 作り方3で、できたシュウマイを耐熱容器に入れて、電子レンジで10分程度加熱すると、蒸しシュウマイができます。

400円／4人分

かさまし料理
BEST
6

鶏むね麩山賊焼き

豪快で迫力満点なおいしさを！

山賊が豪快に焼き上げたように、大きく成形しました。見ているだけで食べたくなる！

材料 （4人分）

鶏むね肉…1枚（350〜400g）
焼き麩…70g
A
┌ 中華だしのもと（顆粒）…大さじ½
│ チューブにんにく、チューブしょうが
│ 　…各小さじ1
│ マヨネーズ…大さじ2
│ みりん…大さじ1
│ 米粉…大さじ4
└ 片栗粉…大さじ3
水…40〜50㎖
片栗粉…適量
B
┌ しょうゆ、みりん…各大さじ3
│ はちみつ…少々
│ チューブにんにく、チューブしょうが
│ 　…各小さじ1
└ 黒こしょう…適量
サラダ油…大さじ2

作り方 （作業時間20分）

1 鶏肉は1〜2㎝角に切る。

2 ボウルに1と焼き麩、Aを入れ、水を少しずつ加えながらまぜる。8等分にして平べったい俵形にして片栗粉をまぶす。

3 フライパンにサラダ油を熱し、2を並べて、両面がこんがりと色づくまで中火で焼く。

4 余分な油をふきとり、Bを加えて中火にかけ、からめる。

ヒント！
● たれを加えたら煮詰めすぎないようにしてください。

400円／4人分

かさまし料理
BEST
7

辛いもん好きのハートをわしづかみ！

鶏むね麩チリ

甘酸っぱくて、ちょっと辛いソースが鶏むね肉と焼き麩に
ものすごく合う！　ねぎをたっぷり使うところもポイントです。

Instagram
リール再生
395万回

保存
4.3万人

材料 （4人分）

鶏むね肉 … 1枚（350〜400g）

焼き麩 … 70g

A
┌ 鶏ガラスープのもと（顆粒）… 大さじ1/2
│ チューブにんにく、チューブしょうが
│　 … 各小さじ1
│ マヨネーズ … 大さじ2
│ 米粉 … 大さじ4
└ 片栗粉 … 大さじ3

水 … 40〜50ml

B
┌ ねぎ（みじん切り）… 1本（150g）
│ 鶏ガラスープのもと（顆粒）… 大さじ1/2
│ トマトケチャップ、スイートチリソース
│　 … 各大さじ2
│ チューブにんにく … 小さじ1
└ 料理酒、みりん … 各100ml

サラダ油 … 大さじ2

作り方 （作業時間20分）

1　鶏肉は1〜2cm角に切る。

2　バットに焼き麩と1、Aを入れ、水を少しずつ加えながら焼き麩をしっかりつぶしてよくまぜる。

3　フライパンにサラダ油を熱し、一口大に丸めた2を入れて中火で焼く。

4　焼き色がついたら、余分な油をふきとる。Bを加えてからめながら煮詰める。

ヒント！

● 麩はある程度形が残っているほうが肉らしい食感になります。
● 辛いのが好きな人はスイートチリソースをチリソースにするとよりおいしいです。

鶏むね肉… 1枚（350〜400g）

焼き麩… 70g

A
- ガーリックソルト…少々
- チューブにんにく…小さじ1
- マヨネーズ…大さじ2
- 米粉…大さじ4
- 片栗粉…大さじ3

水… 40〜50㎖

米粉…適量

サラダ油…大さじ2

バター… 10g

にんにく（薄切り）… 2かけ（12g）

めんつゆ（4倍濃縮）、みりん
　…各100㎖

作り方 （作業時間20分）

1　鶏肉は1〜2㎝角に切る。

2　バットに**1**、焼き麩、**A**を入れ、水を少しずつ加えながらまぜる。大きめの俵形にし、米粉をまぶす。

3　フライパンにサラダ油を熱し、**2**を並べて中火で焼く。両面に焼き色がついたら余分な油をふきとる。

4　バターとにんにくを入れ、バターがとけたらめんつゆとみりんを加えてまぜ、からめる。

ヒント！
- ●ガーリックソルトがなければ塩とこしょうを各少々で代用可。

香りだけでノックダウン

ガリバタ麩チキン

にんにくとバターの香りだけで食べたい！ってなる悪魔的おいしさ。腹ぺこ男児の箸が止まらんくなるとよ。

400円／4人分

かさまし料理
BEST
8

Instagram
リール再生
93万回

保存
1.2万人

350円／4人分

かさまし料理 BEST 9

韓国風チキン卵

ピリ辛のたれが決め手！

ピリ辛のたれにチキンとゆで卵をつけ込んだら止まらない。残った調味液もまたうまし。

材料 （4人分）

鶏むね肉…1枚（350〜400g）
水きり豆腐…1丁（400g）

A
- 中華だしのもと（顆粒）…大さじ1/2
- チューブにんにく、チューブしょうが
  …各小さじ1
- マヨネーズ…大さじ3
- 米粉…大さじ5
- 片栗粉…大さじ3

サラダ油…大さじ2
ゆで卵…4個

〈調味液〉

細ねぎ（小口切り）、ねぎ（みじん切り）…各50g
めんつゆ（4倍濃縮）、みりん…各100㎖
水…200㎖
チューブにんにく、チューブしょうが
　…各小さじ1/2
はちみつ…大さじ1
コチュジャン…小さじ1/4

作り方 （作業時間15分）

1 鶏肉は1〜2㎝角に切る。

2 耐熱容器に調味液の材料を入れ、電子レンジで6分加熱する。ゆで卵を入れて、ラップを卵に密着させるようにかぶせる。

3 ボウルに豆腐を入れ、ハンドブレンダーもしくは泡立て器でクリーム状にする。1とAを入れてまぜ、一口大に丸める。

4 フライパンにサラダ油を熱し、3を並べて中火で焼く。全体がこんがりと色づいたらとり出し、2につける。

── ヒント！ ──
● ゆで卵を作る場合は、小鍋に沸かした湯で卵を7分ゆでて、冷水にさらして殻をむきます。

400円／4人分

かさまし料理 BEST 10

\\ 地元九州の味を生かして ∕

鶏マヨ麩ゆずこしょう

えびマヨならぬ鶏マヨを、ゆずこしょうでピリ辛にしてみました。
子どもたちにはゆずこしょう抜きでね！

材料 （4人分）

鶏むね肉… 1枚 (350〜400g)
焼き麩… 70g

A
┌ 中華だしのもと (顆粒)… 大さじ½
│ チューブにんにく、チューブしょうが
│ …各小さじ1
│ マヨネーズ… 大さじ2
│ 米粉… 大さじ4
└ 片栗粉… 大さじ3

水… 40〜50mℓ
サラダ油… 大さじ2

B
┌ マヨネーズ… 大さじ5
│ めんつゆ (4倍濃縮)… 大さじ2
└ ゆずこしょう (好みで)… 小さじ½

細ねぎ… 適量

作り方 （作業時間20分）

1 鶏肉は1〜2cm角に切る。

2 バットに焼き麩と鶏肉、**A**を入れ、水を少しずつ加えながらまぜ、一口大に丸める。

3 フライパンにサラダ油を熱し、**2**を並べて中火で焼く。焼き色がついたらとり出して油をよくきる。

4 **B**をからめ、器に盛りつけて、細ねぎを散らす。

─ ヒント！ ─

● 鶏むね肉はいろいろな大きさでカットすると食感が楽しくなります。
● ゆずこしょうの量はお好みでかげんしてください。

350円／4人分

かさまし料理
BEST
11

╲ シャキシャキ食感を楽しんで！ ╱
マシマシ焼き鳥つくね

水きり豆腐ともやし、かさまし2段重ね！
もやしのシャキシャキとみずみずしさが加わっておいしい。

材料 （4人分）

鶏むね肉…1枚（350〜400g）
水きり豆腐…1丁（400g）
もやし…1袋（200g）
ねぎ（5cm長さに切る）…1本（100g）

A ┌ 中華だしのもと（顆粒）…大さじ½
　│ チューブしょうが…小さじ1
　│ マヨネーズ…大さじ1
　│ 米粉…大さじ5
　└ 片栗粉…大さじ3

B ┌ オイスターソース…大さじ3
　└ みりん…50ml

サラダ油…大さじ2
いり白ごま…適量

作り方 （作業時間15分）

1 もやしは袋の上から包丁の背でたたいて
　細かくし、水けをしっかりしぼる。鶏肉
　は1cm角に切る。

2 ボウルに豆腐を入れ、ハンドブレンダー
　もしくは泡立て器でクリーム状にする。1、
　Aを入れてまぜ、一口大に丸める。

3 フライパンにサラダ油を熱し、2を入れ
　て中火で焼く。焼き色がついたらねぎを
　加えて焼く。

4 ねぎに焼き色がついたら、Bを加えて煮
　からめる。ごまを振る。

┌─ ヒント！ ─┐
● もやしはしっかりと水けをしぼってくださ
　い。もしタネがゆるくなってしまったら米
　粉を増やしてください。

タンドリー高野豆腐チキン

高野豆腐があったらこれ！

高野豆腐って実は肉感がすごいんです！和食材がカレー粉と出会ってさらにおいしくなりました。

材料 （4人分）

鶏むね肉… 1枚（350〜400g）
高野豆腐… 1袋（65g）
豆腐… ½丁（200g）

A
┌ コンソメスープのもと（顆粒）
│   …大さじ½
│ カレー粉…大さじ1
│ パプリカパウダー…小さじ½
│ マヨネーズ…大さじ2
│ トマトケチャップ…大さじ1
│ チューブにんにく、チューブしょうが
│   …各小さじ1
│ 米粉…大さじ5
└ 片栗粉…大さじ3

米粉…適量
玉ねぎ（くし形切り）… 1個（200g）
サラダ油…大さじ2
ガーリックソルト…少々
パセリ（乾燥）…適量

作り方 （作業時間15分）

1 高野豆腐は、フードプロセッサーで粉状にし、豆腐とまぜる。

2 鶏肉は1cmの角切りにする。

3 1に2とAを入れ、まぜる。好みの大きさになるようタネを手にとり、ぎゅっと握って成形する。米粉をまぶす。

4 フライパンにサラダ油を熱し、3を並べて中火で焼く。両面に焼き色がついたら玉ねぎを加えて炒め、ガーリックソルトとパセリを振る。

ヒント！

● 豆腐は水きりせずに使います。しっかりまぜると高野豆腐がポロポロにならずにまとまります。
● フードプロセッサーがない場合はp.24参照。

350円／4人分

かさまし料理
BEST
13

＼切るだけで使える！／
厚揚げつくねバタポン焼き

作りたいときにすぐ使える厚揚げで、バタポン味に。
焼き肉のたれを追加してさっぱり＋ガツン＋コクの三重奏をどうぞ。

材料 （4人分）

鶏むね肉… 1枚 (350〜400g)
厚揚げ… 3枚 (300g)
なす (乱切り)… 4個 (320g)

A
┌ 中華だしのもと (顆粒)… 大さじ1/2
│ チューブにんにく、チューブしょうが
│ 　　　　…各小さじ1
│ マヨネーズ… 大さじ1
│ 米粉… 大さじ5
└ 片栗粉… 大さじ3

バター… 15g

B
┌ 焼肉のたれ、ポン酢… 各大さじ3
└ チューブにんにく… 小さじ1

細ねぎ (小口切り)、卵黄… 適量

作り方 （作業時間20分）

1 鶏肉は細かく切り、さらに包丁で叩いてミンチ状にする。厚揚げは1枚を8等分にする。

2 ポリ袋に**1**と**A**を入れてまぜ、一口大の俵形にする。

3 フライパンにバターを入れて中火にかけ、よくとかしたら**2**を並べる。両面に焼き色がついたらなすを入れ、炒める。

4 なすがやわらかくなったら**B**を加えてからめる。器に盛りつけ、卵黄を添え、細ねぎを散らす。

ヒント！
● なすは火が通りにくいので、電子レンジで加熱しておくと時短になります。

400円／4人分

かさまし料理
BEST
14

豚もやしだんごの卵とじ

そのままでもおいしい肉だんごを卵とじにしちゃった。卵は2回に分けて入れて、半熟のふるふるを楽しんで。

材料 （4人分）

豚こまぎれ肉… 350g
もやし…2袋（400g）

A
- 中華だしのもと（顆粒）…大さじ½
- チューブにんにく、チューブしょうが …各小さじ1
- マヨネーズ…大さじ1
- 米粉…大さじ6
- 片栗粉…大さじ4

玉ねぎ（くし形切り）…1個（200g）
卵…3個

B めんつゆ（4倍濃縮）、みりん…各100㎖

米粉…適量
サラダ油…大さじ2

ヒント！

- もやしの水けはしっかりしぼります。タネがゆるければ米粉で調整してください。
- 卵は入れなくてもOK。たれをしっかり煮詰めてくださいね。

作り方 （作業時間15分）

1. もやしは袋の上から包丁の背でたたいて細かくする。水けがあったらしぼる。豚肉は1㎝程度に切る。

2. ポリ袋に**1**、**A**を入れてまぜる。一口大に丸め、米粉をまぶす。

3. フライパンにサラダ油を熱し、**2**を並べて中火で焼く。全体に焼き色がついたら玉ねぎを入れて炒める。

4. 玉ねぎがやわらかくなったら、余分な油をふきとる。**B**を加え、数分煮る。

5. といた卵を半量程度（少し多めに）流し入れ、ふたをする。白身がほんのり固まり始めたら、残りの卵を回しかけ、ふたをして30秒おく。器に盛り、好みで三つ葉をのせる。

350円／4人分

かさまし料理
BEST
15

╲ あのお店の絶対うまいやつ！╱

鶏むね豆腐フライドチキン

豆腐でかさましして、あのお店のフライドチキンを作りました。
こんな味が作り出せるのも、おうちごはんのよさです。

材料 （4人分）

鶏むね肉… 1枚 (350〜400g)
水きり豆腐… 1丁 (400g)

A
- 中華だしのもと (顆粒)…大さじ½
- チューブにんにく、チューブしょうが
  …各小さじ1
- ハーブソルト…3振り
- パン粉…大さじ3
- レモン果汁…大さじ½
- マヨネーズ…大さじ1
- 米粉…大さじ5

サラダ油…大さじ2

作り方 （作業時間15分）

1 ボウルに豆腐を入れ、泡立て器かハンドブレンダーでクリーム状にする。

2 鶏肉は1〜2cm角に切って**1**に入れ、**A**を加えてよくまぜる。

3 フライパンにサラダ油を熱し、**2**をスプーンですくって入れる。中火で両面がこんがりと色づくまで焼く。

勝負のときはこれ！

豚こま冷凍豆腐とんカツ

長女のリクエストで作った勝負カツ。豚こまぎれ肉1パックだけなのに、冷凍豆腐のおかげで4人分のボリュームに大変身。

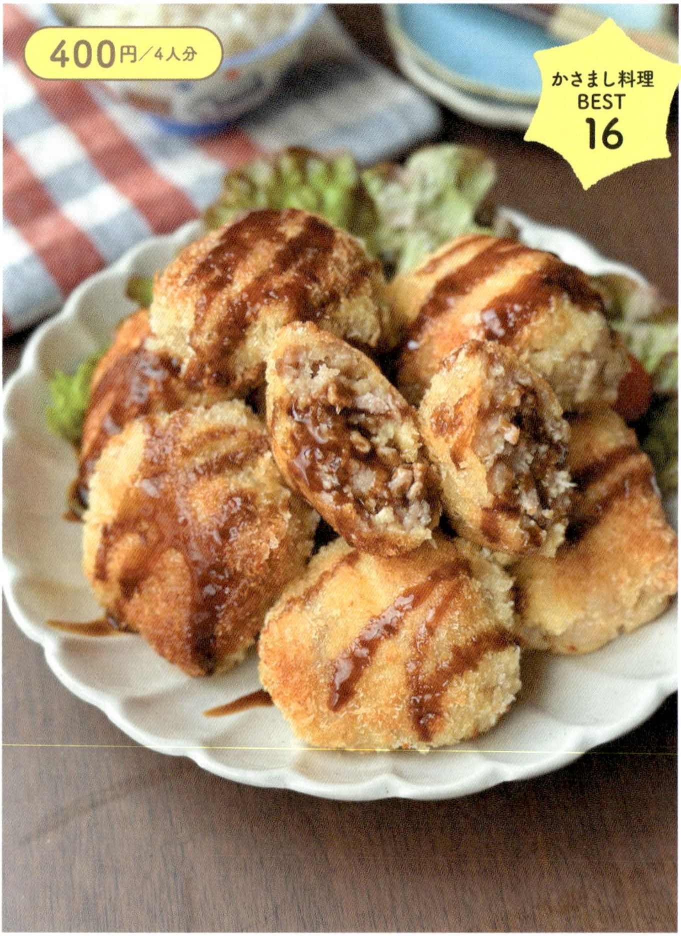
400円／4人分
かさまし料理
BEST
16

材料（4人分）

豚こまぎれ肉…400g
冷凍豆腐…1丁（400g）

A
- 塩、こしょう…各少々
- 片栗粉…大さじ6

B
- 卵…1個
- 米粉…大さじ2
- 牛乳…大さじ4

パン粉…適量
サラダ油…大さじ2
中濃ソース…適量

作り方（作業時間15分）

1. ボウルに、解凍して水けをしぼった冷凍豆腐を入れ、細かくほぐす。
2. 豚肉は1cm程度に切って**1**に入れ、**A**を加えてよくまぜる。
3. ボウルに**B**を入れ、よくかきまぜる。
4. **2**を好みの大きさに成形し、**3**をまぶしパン粉をつけてフライパンに並べる。
5. サラダ油を入れ、中火で焼く。両面に焼き色がついたらとり出す。器に盛り、中濃ソースをかける。

ヒント！
- 豚こまぎれ肉は、豚ひき肉で代用可です。

400円／4人分

かさまし料理
BEST
17

Part 1
かさましおかず BEST 25

豚こま凍み角煮

あの味が時短でできちゃう！

豚角煮を本格的に作ろうとすると時間がかかるけれど、高野豆腐と豚こまぎれ肉ならすぐ！

材料 （4人分）

豚こまぎれ肉… 400g
高野豆腐… 1袋（65g）
豆腐… 1/2丁（200g）

A
- 塩、こしょう…各少々
- チューブにんにく、チューブしょうが…各小さじ1
- マヨネーズ…大さじ1
- 米粉…大さじ3
- 片栗粉…大さじ2

B 米粉、片栗粉…各適量
サラダ油…大さじ2
ゆで卵… 4個
ねぎ（5cm長さに切る）… 1本（100g）

C
- 料理酒、みりん…各100㎖
- しょうゆ…50㎖
- はちみつ…大さじ1

作り方 （作業時間15分）

1 高野豆腐はフードプロセッサーで粉状にする。豚肉は1cm程度に切る。

2 鍋にCとゆで卵、ねぎを入れ、落としぶたをして弱火にかけて、煮立ったら火を止める。

3 ボウルに1の高野豆腐と豆腐を入れ、しっかりまぜる。豚肉とAを加え、よくまぜて一口大に丸め、Bをまぶす。

4 フライパンに3を並べ、サラダ油を入れて中火で焼く。焼き色がついたら、余分な油をふきとって、2の汁の半分を加え、からめながら煮詰める。

5 汁気がほぼなくなったら、2の汁の残りと、ゆで卵、ねぎも加えてからめる。

--- ヒント！ ---

● ゆで卵のかたさはお好みで。
● 豆腐は水きりせずに使います。しっかりと握りしめて成形してください。
● フードプロセッサーがない場合はp.24参照。

400円／4人分

かさまし料理
BEST
18

おからエスカロップ

ワンプレートのごちそう、できました！

北海道・根室の郷土料理エスカロップを
生おからと豆腐のダブルかさましで作ってみたら
最高のやつができました。

材料 （4人分）

豚こまぎれ肉… 350g
水きり豆腐… 1/2丁（200g）
おから… 200g

- コンソメスープのもと（顆粒）…大さじ1/2
- チューブにんにく、チューブしょうが
  …各小さじ1
- **A** 中濃ソース…大さじ1
- マヨネーズ…大さじ2
- 米粉…大さじ5
- 片栗粉…大さじ4

パン粉… 適量
サラダ油… 大さじ2

〈デミグラス風ソース〉

- **B** ケチャップ、ウスターソース…各大さじ5
- バター… 15g

〈バターライス〉

玉ねぎ（みじん切り）… 1個（150g）
バター… 15g
ご飯… 300g
ハーブソルト… 適量

作り方 （作業時間15分）

1 豚肉は1cm程度に切る。

2 ボウルに豆腐を入れてハンドブレンダーでクリーム状にし、**1**とおから、**A**を加えてよくまぜる。一口大の俵形にし、パン粉をまぶす。

3 フライパンにサラダ油を熱し、**2**を並べて中火で焼く。両面に焼き色がついたらとり出す。

4 フライパンの余分な油やよごれをとり除き、**B**を入れて火にかけて、ひと煮立ちさせる。

5 バターライスを作る。玉ねぎを耐熱ボウルに入れ、電子レンジで5分加熱し、残りの材料をすべてボウルに入れてよくまぜる。

6 器に**5**を盛り、**3**をおいて**4**をかける。

— ヒント！ —

● 生のおからがしっとりしているので、水きり豆腐がおすすめです。

材料 （20個分）

豚こまぎれ肉…350g
高野豆腐…65g
水きり豆腐…½丁（200g）
コーン水煮缶…100g
A ┌ 塩、こしょう…少々
　│ 合わせみそ…大さじ1と½
　│ 中濃ソース、マヨネーズ
　│ 　…各大さじ1
　│ 米粉…大さじ3
　│ 片栗粉…大さじ2
　│ チューブにんにく、
　└ 　チューブしょうが…各小さじ1
パン粉…適量
サラダ油…大さじ2

作り方 （作業時間15分）

1 豚肉は1cm程度に切る。高野豆腐をフードプロセッサーにかけて粉状にし、水けをしっかりきったコーンを加えて再度フードプロセッサーにかける。

2 ボウルに**1**、豆腐、**A**を入れてまぜる。7～8cmの棒状に成形してパン粉をまぶす。

3 フライパンにサラダ油を熱し、**2**を並べ、両面に焼き色がつくまで中火で焼く。

┌─── ヒント！ ───┐
● オーブントースターなどで焼くことも可能です。
● トースターの場合は、オーブンシートにのせ、サラダ油をカツの表面に適量ぬって15分弱焼く。
● フードプロセッサーがない場合はp.24参照。

450円／4人分

かさまし料理
BEST
19

コーンの甘みでさらにおいしく！

みそコーンスティックとんカツ

「え、お肉だけじゃなかと？」と驚かれたとんカツ。高野豆腐の食感とコーンの甘みでつい食べ過ぎちゃうやつ。

Instagram
リール再生
138万回

保存
1万人

材料 （4人分）

真いわし…9尾（身の部分だけ350g）
水きり豆腐…1丁（400g）

A
- 塩、こしょう…各少々
- チューブにんにく、
  チューブしょうが…各小さじ1
- 明太子…40g
- ミックスチーズ…80g
- 米粉、片栗粉…各大さじ3

パン粉…適量
サラダ油…適量

作り方 （作業時間15分）

1 真いわしは、頭がはずれないよう骨をとり除き（可能なら皮をはぐ）、1cm幅に切る。オーブンの天板にオーブンシートを敷き、180度に予熱する。

2 ポリ袋に豆腐を入れ、しっかりもんでつぶし、いわし、Aを入れてまぜる。

3 真いわしの骨を2で包み込むように成形し、パン粉をまぶす。

4 1のオーブンシートの上に3をのせ、オイルスプレーでまんべんなく油を吹きつける。180度のオーブンで10分、200度に上げて10分焼く。

--- ヒント！ ---

- 真いわしの形に成形しましたが、丸めてもOKです！
- 明太子やチーズの量はお好みでどうぞ。しっとりさせるとおいしいです。

食べてびっくり！ 魚嫌いも笑顔

だまされる明太チーズ いわしフライ

見た目はいわしフライ。もちろん豆腐の力を借りてかさまし！明太子とチーズでよりおいしくなっているとよ。

650円／4人分

かさまし料理
BEST
20

700円／4人分

かさまし料理
BEST
21

苦手なうちの子どもたちがヤミツキ

しゃけ凍り南蛮

苦手な食材もかさまし料理にしちゃえばOK！
タルタルソースでさらに取り合いに。

材料 （4人分）

鮭の切り身… 300g
冷凍豆腐… 1丁（400g）

A
- 中華だしのもと（顆粒）…大さじ½
- チューブにんにく、チューブしょうが
  …各小さじ1
- トマトケチャップ…大さじ1
- 米粉…大さじ5
- 片栗粉…大さじ3

B
- めんつゆ（4倍濃縮）、みりん、
  カンタン酢（市販）…各大さじ3

米粉… 適量
サラダ油…適量

〈タルタルソース〉
玉ねぎ（みじん切り）… 1個（150g）
ゆで卵… 2個

C
- たくあん（みじん切り）… 15g
- パセリ（みじん切り）…適量
- マヨネーズ…大さじ6
- レモン果汁…小さじ1

作り方 （作業時間15分）

1 鮭は料理酒（分量外）を振りかけてくさみをとる。1cm角に切る。

2 タルタルソースを作る。耐熱ボウルに玉ねぎを入れ、電子レンジで5分加熱する。ゆで卵と**C**を入れてつぶしながらまぜる。

3 ボウルに、解凍して水けをしぼった冷凍豆腐を入れ、細かくほぐす。**1**と**A**を入れてまぜ、一口大に丸め、米粉をまぶす。

4 フライパンにサラダ油を熱し、**3**を並べて中火で焼く。焼き色がついたらとり出し、余分な油やよごれをふきとる。

5 **B**を加えて火にかけ、とり出したタネを戻し入れて、からめながら煮詰める。器に盛りつけ、**2**をかける。

さばの切り身（骨をとる）… 350〜400g
焼き麩… 70g

A
- コンソメスープのもと（顆粒）…大さじ½
- チューブにんにく…小さじ1強
- 料理酒、中濃ソース…各大さじ1
- マヨネーズ…大さじ2
- バジル（乾燥）…大さじ1
- ミックスチーズ… 100g
- 米粉…大さじ4
- 片栗粉…大さじ3

水… 40〜50mℓ
サラダ油…大さじ2

作り方 （作業時間20分）

1 さばは料理酒（分量外）を軽く振り、5分ほどおく。1〜2cm角に切る。

2 バットに焼き麩、**1**、**A**を入れ、水を少しずつ加えながらまぜる。一口大に丸める。

3 フライパンにサラダ油を熱し、**2**を並べて焼き色がつくまで中火で焼く。

ヒント！

- さばは冷凍や缶詰でもOK！ 缶詰を使うなら160g入りで2〜3缶が目安です。
- 生バジルだとフレッシュな香りでおいしいです。

苦手な子でもヤミツキになる

さば麩バジルチーズ唐揚げ

魚が苦手でも、これならつまみたくなる！チーズとベストマッチなバジルを入れて唐揚げにしました。

400円／4人分

かさまし料理 BEST 22

400円／4人分

\\ 野菜がたっぷりとれる最高のカツ！ /／

さばカレー凍りメンチカツ

旬の春キャベツをたっぷり使って、かさまし！
冷凍豆腐でさばの食感をマシマシ、カレー味で食べやすくしました。

材料　（4人分）

さばの切り身（骨をとる）… 400g
冷凍豆腐… 1丁（400g）
春キャベツ（みじん切り）… 250g
A
┌ コンソメスープのもと（顆粒）、
　カレー粉… 各大さじ1/2
├ チューブにんにく、
　チューブしょうが… 各小さじ1
├ 中濃ソース、トマトケチャップ、
　マヨネーズ… 各大さじ1
├ 米粉… 大さじ5
└ 片栗粉… 大さじ3
パン粉… 適量
サラダ油… 大さじ2

作り方　（作業時間15分）

1 さばは料理酒（分量外）を軽く振り、5分ほど
　おく。1〜2cm角に切る。

2 ボウルに、解凍して水けをしっかりしぼった
　冷凍豆腐を入れ、細かくほぐす。

3 2に1、キャベツ、Aを入れてまぜる。一口
　大の俵形にしてパン粉をまぶす。

4 フライパンにサラダ油を熱し、3を並べて両
　面に焼き色がつくまで中火で焼く。

──── ヒント！ ────

● さばは生、冷凍、缶詰のいずれかでOK。塩さばの場合は、
　中濃ソース、トマトケチャップ、コンソメスープのもとを
　減らしてください。
● 春キャベツに限らず、いつものキャベツでOK。あるいは
　玉ねぎなどお好みの野菜にかえても作れます。フードプロ
　セッサーやチョッパーを使うと楽にみじん切りができます。

525円／4人分

かさまし料理
BEST
24

えび豆腐鬼カツ

豆腐で無理なくボリュームアップ！

あの冷凍食品、えびカツを豆腐の力を借りてかさまし！ソースでいろいろな味を楽しんでください。

材料 （4人分）

むきえび… 250g
はんぺん… 1袋（90g）
水きり豆腐… 1丁（400g）

A
- コンソメスープのもと（顆粒）… 大さじ½
- チューブにんにく、チューブしょうが…各小さじ1
- マヨネーズ… 大さじ1
- 米粉… 大さじ5
- 片栗粉… 大さじ3
- ミックスチーズ… 100g

パン粉… 適量
サラダ油… 大さじ2

〈ソース〉
トマトケチャップ＋ウスターソース… 適量
マヨネーズ＋マスタード＋しょうゆ… 適量
マヨネーズ＋明太子… 適量

作り方 （作業時間15分）

1 えびは1cm程度に切る。

2 ポリ袋に豆腐、はんぺん、えび、Aを入れ、しっかりもみつぶして全体をまぜる。一口大の俵形にしてパン粉をまぶす。

3 フライパンにサラダ油を熱し、2を並べて焼き色がつくまで中火で焼く。

4 ソースの材料をそれぞれまぜて添える。

--- ヒント！ ---
● えびのくさみとりに料理酒（分量外）を振りかけて5分おくといいです。

材料 （24個分）

さばの切り身（骨はとり除く）
　…400g
はんぺん…2袋（180g）
水きり豆腐…1丁（400g）
- 塩、こしょう…各少々
- チューブにんにく、
- **A** 　チューブしょうが…各小さじ1
- 米粉…大さじ4
- 片栗粉…大さじ2

片栗粉…適量
焼きのり（全形）…3枚
サラダ油…大さじ2
- めんつゆ（4倍濃縮）、みりん
- **B** 　…各75mℓ
- はちみつ…大さじ2

作り方 （作業時間15分）

1 さばは1〜2cm角に切る。焼きのりは1枚を8等分に切る。

2 ボウルに豆腐とはんぺんを入れ、ハンドブレンダーでクリーム状にする。さばと **A** を加えてまぜる。

3 焼きのりの上に **2** をおき、平べったく成形したら片栗粉をまぶす。

4 フライパンにサラダ油を熱し、のりを上にして **3** を入れ、中火で焼く。焼き色がついたらとり出し、余分な油をふきとる。

5 フライパンに **B** を入れ、まぜたら **4** を戻し、煮からめる。

ヒント！

- さばは缶詰2〜3缶でもOK。
- 生さばを使う場合は、あらかじめ料理酒を振っておくとくさみがとれます。大きさも好みで。
- 焼きのりはなくてもOK。
- 1歳未満のお子さんが食べる場合は、はちみつではなく、液体オリゴ糖などで代用してください。

600円／4人分

かさまし料理
BEST
25

Instagram
リール再生
71万回

保存
1万人

夏といえばアレを食べたいけん！

土用の丑の日はこれ
かば焼きもどき

うなぎのかば焼きもどきですが、これがめっちゃうまいと。高くて買えない、苦手で食べられない……は、すべて解消。

子どもたちに人気のおかず、
パパが好きなおかず、ママお気に入り料理

夕食時はかさまし料理以外もたっぷり作るわが家。
その中でも人気のおかずを家族に聞いてみました。

子どもたちの人気おかず

さつまいもの
みりん煮
（p.71参照）

「ちょうどいい甘さが食べやすいから」
長男がつかみ食べを始めたころから、ずっと
作り続けている思い出のひと品です。どんな
さつまいももちょうどいい甘さかげんに変身で
き、切って軽く焼いて煮込むだけなので他の
料理をしている間に完成するのがいいのです。

かぶの葉っぱ
の炒め物

「そのまま食べるのも、おにぎりにまぜるの
も好き」
まだまだ偏食がひどかった長男長女が、友達
のおにぎりに入っている大根の葉っぱに興味
を持ったのがきっかけ。ザクザク切って、塩
で炒めていり白ごまを振ります。大根よりか
ぶのほうが甘いとわかってからは、家の庭で
育てたかぶの葉っぱで作るようになりまし
た。私の仕事中に食べるおにぎりにもよく入
れています。

パパが好きな料理

鶏肉と
きのこの
もりもり
アヒージョ
（p.107参照）

結婚前からイタリア料理など、洋風の料理が
好きなので、休みの日は何かしら献立に入れ
るようにしています。たとえば自家製ピザな
ど。特にアヒージョは大好きで、自家製パン
（p.58参照）にたっぷりひたしながら食べて
いますよ。

ママのお気に入り料理

本気のいわし
甘露煮
（p.111参照）

　子どもたちが煮物を食べなかったので、魚
も焼くかフライにすることが多かったんで
す。でも、節分の時にどうしても甘露煮を作
りたくなって作ってみたら、まさかの大ヒッ
ト！ それ以来、いわしを見つけたら甘露煮
作ってと言われるほどになりました。フライ
パンで煮込むだけなのでとっても簡単。魚料
理が苦手な方にもおすすめです。

Part 2

わが家の1週間献立

わが家は夕食が1日の食事の柱。
ここから朝食やお弁当に展開し、
家族全員が満足できるよう皿数を
増やしますが、食費は安定しています。
そのポイントとレシピをご紹介します。

家族が喜ぶ食費が安定する献立とは？

野菜や肉や魚をまんべんなく食べられるよう栄養バランスを意識しています。特に旬の野菜は食費が抑えられるだけでなく栄養も豊富。子どもたちと季節に関する会話が増えるのでわが家では一石二鳥なんです。

夕食 / 朝ごはん / お弁当

夕食の献立から朝食、お弁当へ展開

肉嫌い、魚好き、野菜好き、炭水化物不要……など、家族6人の好みに対応するのは無理。「(僕・私が食べられるのは)これしかないの？」と言われちゃうとへこみますもん。

そこでいろいろ作って、どれかは食べられるようにした結果、皿数が増えました。でも、夕食の献立を1日の主役と決め

れば、翌日の朝食とお弁当のおかずが自然にでき上がります。

何を作るかは冷蔵室にある野菜を見て決めることが多いです。1年中価格が安定しているにんじんや玉ねぎ、小松菜などを常備するようにしています。特に旬の野菜は価格が安くなるため、シーズン中は頻繁に購入しています。

かさまし料理と主食、副菜で5〜6品を常に

普段の献立は、かさまし料理と副菜、ごはんの組み合わせが多いです。

子どもたちの要望で、パスタや焼きそばなどを作ることが多いんですが、主食ではなくおか

ずの一種という扱い。パパが健康に気を使うタイプなので、炭水化物の量を少なめにしつつ、かさまし料理で肉や魚などのたんぱく質がとれるよう意識しています。

朝食は自家製パンがメイン、夕食の残りをサラダに

朝食は自家製食パンが中心で、前日の夕食のおかずや作りおきなどから選んで、サラダに仕立てて出しています。

子ども4人のうち2人がお弁当のいる幼稚園児なので、朝食の間にお弁当を作ります。夕食の残りを順番に入れているので、彩りなどはあまり考えず、

栄養バランスと量を意識しています。私自身のお昼ごはんは、仕事の合間に片手で食べられるようおにぎりです。

豆腐は朝のうちに電子レンジで加熱しておけば水きりもバッチリ。冷凍豆腐も電子レンジで解凍して容器に移して冷蔵室に入れておきます。

パウンド型2つを使って3〜4日おきに焼いているパン。わが家の量にぴったりなんです。

平日のパパ用ごはん
野菜の小鉢を中心に5〜6種類。炭水化物少なめがポイントです。

平日のパパの食事は別に用意

平日のパパの出勤は朝早く、帰宅もかなり遅いので、普段は別々に食べています。夕食を準備しながらパパ用に1人分をとり分けておき、帰宅後パパ自身が電子レンジで温めて食べるようにしています。

マンネリ化対策は週末・お祝いごとの日に

土日など休みの日は、お昼はほぼお弁当で、平日のおかずの残りや作りおきを詰めておくので、1食分の食事作りを省くことができます。このお弁当作りで冷蔵室の在庫がはけます。

夕食は家族全員で食卓を囲む時間。お刺身をどーんと出してみたり、焼きたてのパンを添えるおかずにしたりして、平日とはちょっと違う献立を楽しみます。

おかずは4人分で作りますがだいたい残るので、保存容器に入れて冷蔵室へ。

「おなかすいた！」の声にすぐ対応

買ってそのまま出せる
定番食材

●**もずく**
大容量パックをポン酢でシンプルに食べたり、焼いた鶏皮を入れたり。流行の梅もずくそうめんもわが家で人気。

●**刺身こんにゃく**
つわり中にこんにゃくしか食べられなかったとき、子どもたちがハマってしまって以来しょっちゅう食卓に上ります。

●**冷ややっこ**
シンプルにそのまま食べるのはやっぱりおいしい。パパへのあと一品がないときに重宝しています。

●**レタスをザクザク切ってそのまま！**
切る手間も省きたい…そういうときは、子どもたちにセルフでちぎってもらいます。

●**魚肉ソーセージ**
おやつに最適。かさまし料理（p.110参照）に使うことも。私は仕事しながら食べることもあります。

わが家の夕食、こんなラインナップ

わが家の1週間献立のうち、まずは月曜日の例をごらんください。この日は肉多めでしたが、定番野菜を使い回しているので家計にやさしい献立です。
＊レシピ詳細は62〜63ページ参照

鶏むね肉のミンチを
水きり豆腐でかさまし！
豆腐ジャージャー麺の肉みそ

野菜のかんたん酢漬け
＊レシピは p.71参照

鶏むね肉を冷凍豆腐でかさまし！
のりっこ凍りえのきチキン

豆腐ジャージャー麺

豚こまとなすの中華風卵炒め

小松菜のおひたし

長いものもちもち焼き

週のはじまりは元気チャージ献立

ぜったいにかさましとは気づかれない、肉だけでしょコレ、と言われるのりっこ凍りえのきチキンと豆腐ジャージャー麺。家族みんなが大好きです！

\ 肉みそを豆腐でかさまし！/

豆腐ジャージャー麺

材料（4人分）

豚ひき肉…300g
水きり豆腐…1丁（400g）
ねぎ（みじん切り）
　…1本（100g）
玉ねぎ（みじん切り）
　…1玉（200g）
Ａ ┌ 片栗粉…大さじ1
　└ 水…100mℓ
Ｂ ┌ 鶏ガラスープのもと
　│　（顆粒）…大さじ1
　│ 赤みそ　大さじ2
　│ めんつゆ（4倍濃縮）、
　│　みりん…各大さじ1
　│ チューブにんにく、
　│　チューブしょうが
　└　…各小さじ1
ごま油…大さじ2
蒸しめん…200g×4袋
きゅうり（せん切り）…1本
ゆで卵（縦半分に切る）…2個

作り方（作業時間15分）

1　蒸しめんは湯（分量外）にくぐらせてほぐしておく。

2　フライパンに豆腐を入れ、木べらで細かく刻みながら中火にかけ、水けをしっかりとばす。

3　ひき肉とねぎ、玉ねぎを入れ、ごま油を回しかけて炒める。肉に火が通ったらＢを加えまぜる。

4　火を止め、Ａを回しかけてまぜ合わせ、再度中火にかけてとろみがつくまで炒める。

5　器に蒸しめんを盛り、4をかける。きゅうり、ゆで卵を添える。

\ さっと炒めておいしそう /

豚こまとなすの中華風卵炒め

材料（4人分）

豚こまぎれ肉…300g
なす（乱切り）…4本（320g）
米粉…大さじ1
Ａ ┌ 中華だしのもと（顆粒）
　│　…大さじ1
　│ チューブしょうが
　└　…小さじ1
サラダ油…大さじ2
とき卵…2個分

作り方（作業時間20分）

1　豚肉に米粉をまぶす。

2　フライパンにサラダ油を熱し、1を中火で動かさずに焼く。焼き色がついたらひっくり返してなすを加えて炒める。

3　なすがやわらかくなったらＡを入れてまぜる。味がなじんだらとき卵を回し入れ、固まってきたら火を止めてまぜる。

\ 子どもが喜ぶあの冷食を手軽に！/

のりっこ
凍りえのきチキン

材料 （16個分）

鶏むね肉…1枚（350〜400g）
冷凍豆腐…1丁（400g）
えのきだけ（5mm長さに切る）…1袋（100g）

A
かつおだし（顆粒）…大さじ½
めんつゆ（4倍濃縮）、みりん…各大さじ2
チューブにんにく、チューブしょうが…各小さじ1
マヨネーズ…大さじ1
米粉…大さじ5
片栗粉…大さじ4

焼きのり（全形を16等分にする）…2枚
サラダ油…大さじ2

作り方 （作業時間15分）

1 鶏肉を細かく刻んでミンチ状にしてボウルに入れ、水けをしぼった冷凍豆腐、えのきだけ、**A**を加えまぜる。

2 一口大に成形し、焼きのりを両面にはる。

3 フライパンにサラダ油を入れて熱し、**2**を並べて中火で焼く。焼き色がついたらとり出す。

\ 長いもで作る
おかず系パンケーキだよ！/

長いものもちもち焼き

材料 （16個分）

長いも…1本（500g）
ベーコン（細切り）…2枚

A
ダシダ…大さじ½
マヨネーズ…大さじ1
米粉…大さじ5
片栗粉…大さじ3

サラダ油…大さじ5〜6

作り方 （作業時間15分）

1 ボウルに長いもをすりおろして入れ、ベーコンと**A**を入れてまぜる。

2 フライパンにサラダ油を熱し、スプーンで**1**をすくってフライパンに落とす。

3 焼き目がついたらひっくり返し、両面をしっかりと焼く。

\ 常備野菜でさっと作れる一品 /

小松菜のおひたし

材料 （4人分）

小松菜（5cm長さに切る）…½束（150g）
しらす…15g
めんつゆ（4倍濃縮）…小さじ2
みりん…大さじ1　　いり白ごま…適量

作り方 （作業時間6分）

1 耐熱ボウルに小松菜を入れ、電子レンジで5分加熱し、しらす、めんつゆ、みりん、ごまを入れてまぜる。

焼いただけ、炒めただけ、
人気おかずで頑張るごはん

豚カルビチーズマヨ

人気の冷食をかさまし料理で
再現できたよ！

材料（4人分）

豚ひき肉…350g
水きり豆腐…1丁（400g）
玉ねぎ（みじん切り）…1玉（200g）

A
┌ オイスターソース、ケチャップ、
│　マヨネーズ…各大さじ1
│ チューブにんにく、
│　チューブしょうが
│　…各小さじ1
│ コチュジャン…小さじ½
│ 塩、こしょう…少々
│ 米粉…大さじ5
└ 片栗粉…大さじ4

サラダ油…大さじ2

B
┌ オイスターソース、ケチャップ
│　…各大さじ3
│ ウスターソース…大さじ1
│ みりん…大さじ2
└ チューブにんにく…小さじ1

マヨネーズ、スライスチーズ…適量
バジル（乾燥）…適量

作り方（作業時間20分）

1 玉ねぎは電子レンジで5分加熱し、あら熱をとる。ポリ袋に玉ねぎ、ひき肉と豆腐、Aを入れてよくまぜる。一口大に丸めて、真ん中にくぼみを作る。

2 フライパンにサラダ油を熱し、1を並べて中火で焼く。全体に焼き色がついたらとり出す。

3 余分な油をふきとり、Bを加えてまぜ、2を戻してからめる。

4 半分とり出しマヨネーズをかけ、残り半分はチーズをのせ湯大さじ3（分量外）を加え、ふたをして蒸し焼きにする。バジルを振る。

さば缶で ゴーヤチャンプル

炒めたらすぐできちゃう！

材料（4人分）

ゴーヤ（薄切り）…1本（250g）
トマト（くし形切り）…1玉（200g）
さば缶（水煮）…1缶（160g）
ベーコン（短冊切り）…2枚

A
┌ ダシダ…大さじ½
│ めんつゆ（4倍濃縮）、
└　みりん…各大さじ1

卵…2個
サラダ油…大さじ2

作り方（作業時間15分）

1 フライパンにサラダ油を熱し、ゴーヤを焼く。焼き色がついたら、トマトと缶汁をきったさば、ベーコン、Aを加えて炒める。

2 トマトがやわらかくなったら、卵を割り入れる。卵の白身が固まり始めたら、火を止め全体を軽くまぜる。

献立合計
1,500円
4人分

火曜日は長男の習い事の送迎で遅くなるから、時間を見ながら頑張る日。子どもたちの大好きなししゃもを加えたらばっちり。

かつおだしたっぷり
しょうゆ風味
小倉風焼きうどん

材料 （4人分）

豚こまぎれ肉… 200g
白菜（3cm幅のざく切り）… 1/4玉（450g）
にんじん（拍子木切り）… 1本（150g）
小松菜（5cm長さに切る）… 1/2束（150g）
もやし… 1袋（200g）
ゆでうどん… 200g×4袋
片栗粉… 大さじ1
A┌ かつおだし（顆粒）、めんつゆ（4倍濃縮）… 各大さじ2
 └ 削り粉、干しえび… 各大さじ2
湯… 100㎖
サラダ油… 大さじ2

作り方 （作業時間20分）

1 フライパンにサラダ油を熱し、片栗粉をまぶした豚肉とにんじん、白菜の白い部分を入れて中火で焼く。

2 にんじんがやわらかくなったら、小松菜を加えて炒める。

3 全体がやわらかくなったら、白菜の葉の部分ともやし、**A**を加えてまぜる。

4 ゆでうどんを入れ、湯を注ぐ。汁けがなくなるまで炒める。

お弁当に大活躍
だから常備
切り干し大根

材料 （4人分）

切り干し大根… 50g
にんじん（せん切り）
　… 1本（150g）
油揚げ（短冊切り）… 2枚
A┌ かつおだし（顆粒）
 │　… 大さじ1
 │ 料理酒… 100㎖
 │ しょうゆ、みりん
 └　… 各小さじ1
サラダ油… 大さじ2
いり白ごま… 適量

作り方 （作業時間15分）

1 切り干し大根は湯（分量外）でもどし、しっかり水けをしぼる。

2 フライパンにサラダ油を熱し、にんじんを入れて中火で炒める。にんじんがやわらかくなったら、**1**と油揚げを入れて炒める。

3 **A**を加え、汁けがなくなるまで煮詰める。ごまを振る。

＼ 忙しい日のお助けメニュー！ ／
ししゃもグリル焼き

材料 （4人分）

ししゃも… 8尾

作り方 （作業時間10分）

1 魚焼きグリルにししゃもを並べる。様子を見ながら8分程度焼く。

週の真ん中は魚と野菜で
栄養満点献立

魚が苦手でも豆腐の
おかげでパクパク

いわしハンバーグ

材料（8個分）

真いわし（1㎝程度に切る）
　…7〜8尾（350g）
水きり豆腐…1丁（400g）
　┌ コンソメスープのもと（顆粒）
　│ 　…大さじ½
　│ チューブにんにく、
　A 　チューブしょうが…各小さじ1
　│ 中濃ソース、マヨネーズ…各大さじ1
　│ 米粉…大さじ5
　└ 片栗粉…大さじ3
サラダ油…大さじ5〜6

作り方（作業時間15分）

1　ボウルに豆腐を入れ、泡立て器、
　　またはハンドブレンダーでクリ
　　ーム状にする。

2　1にいわしとAを入れ、よくま
　　ぜる。8等分にし、俵形にする。

3　フライパンにサラダ油を熱し、
　　2を並べて中火で焼く。片面が
　　焼けたらひっくり返し、湯30㎖
　　（分量外）を加え、ふたをして
　　蒸し焼きにする。

献立合計
1,200円
4人分

作りながらつい
つまんじゃう

砂肝とパプリカの
バタポン炒め

材料（4人分）

砂肝（銀皮は好みでとる）…250g
赤パプリカ（乱切り）…1個（150g）
なす（乱切り）…3個（240g）
米粉…大さじ1
　┌ ポン酢　大さじ1
　A
　└ 鶏ガラスープのもと（顆粒）…小さじ1
バター…15g

作り方（作業時間15分）

1　砂肝は薄切りし、米粉をまぶす。

2　フライパンにバターを熱し、1
　　を入れて中火にかける。ほんの
　　り焼き色がついたら、パプリカ
　　となすを入れ、炒める。

3　なすがやわらかくなったら、A
　　を入れてまぜる。

週の中日はみんなお疲れモード。
こういう日はちょっぴり頑張っちゃうぞ。
お魚苦手な子も喜ぶいわしハンバーグで。

\\ 忙しい日のお助けメニュー！ /

ズッキーニと豚こまのチーズ焼き

材料 （4人分）

ズッキーニ（5mm幅の輪切り）
　… 1本（170g）
豚こまぎれ肉… 100g
ミックスチーズ… 80g
ガーリックソルト… 少々

作り方 （作業時間15分）

1 ズッキーニに塩（分量外）を振り、水分が出たらふきとる。

2 トースターの天板にアルミホイルを敷き、1を並べ、豚肉とチーズをのせる。ガーリックソルトを振りかけて10分程度焼く。

\\ マヨネーズで炒めればうまみたっぷり /

ブロッコリーとエリンギの
オイマヨケチャ炒め

材料 （4人分）

ブロッコリー（小房に
　分ける）… 1個（250g）
エリンギ（薄切り）
　… 1パック（100g）
ベーコン（短冊切り）… 1枚
　┌ オイスターソース
　│　…大さじ1
A│ トマトケチャップ
　│　…大さじ2
　└
マヨネーズ…大さじ1
いり白ごま…適量

作り方 （作業時間15分）

1 フライパンにマヨネーズを入れて熱し、ベーコンとブロッコリーも加え、中火で炒める。

2 ブロッコリーに焼き目がついたら、エリンギを加え、しんなりしたらAを加えてさらに炒める。ごまを振る。

\\ 茎もしっかり有効活用 /

ブロッコリーの茎のきんぴら

材料 （4人分）

ブロッコリーの茎… 2本分
にんじん（細切り）
　… 1本（150g）
　┌ かつおだし（顆粒）
　│　…大さじ1
A│ 料理酒… 100ml
　│ しょうゆ、みりん
　│　…各小さじ1
　└
ごま油…大さじ2
いり白ごま…適量

作り方 （作業時間15分）

1 ブロッコリーの茎はスライサーで薄く切り、細切りにする。

2 フライパンにごま油を熱し、1、にんじんを入れて中火で焼く。しんなりとしたら、Aを入れてまぜる。

3 弱火にし、ふたをして汁けがなくなるまで煮詰める。ごまを振る。

週のうち
いちばん忙しい日

煮るだけのおかずに
助けてもらう!

さばの照り焼き

材料 (4人分)

さばの切り身… 350〜400g
料理酒… 100㎖
米粉… 大さじ1
A「 めんつゆ(4倍濃縮)、みりん
  └ …各100㎖
サラダ油… 大さじ4

作り方 (作業時間20分)

1 さばは料理酒につけて5分ほどおく。
  水けをふきとり、2〜3等分に切って
  米粉をまぶす。

2 フライパンにサラダ油を熱し、さばを
  入れ、中火で焼く。

3 焼き色がついたらAを加え、汁けがな
  くなるまで煮詰める。

献立合計
1,000円
4人分

幼稚園と習い事の送り迎えで毎週バッタバタの日。さっと焼くだけでいい魚とか、作りおき、買ったものを出すだけのおかずが大活躍します。

少ない肉をかさましで
満腹の一品に

じゃがいもの
豚こま巻き

材料 (4人分)

豚こまぎれ肉… 400g
じゃがいも… 3個(450g)
A「 コンソメ(顆粒)… 大さじ1/2
  │ 青のり… 大さじ2
  └ 片栗粉… 大さじ4
サラダ油… 大さじ3〜4

作り方 (作業時間15分)

1 じゃがいもはスライサーで薄く切り、
  豚肉は1㎝程度に切ってポリ袋に入れ
  る。

2 1にAを入れ、全体をまぜ、ぎゅっと
  握るようにして一口大に丸める。

3 フライパンにサラダ油を熱し、2を入
  れて中火で焼く。

\ はさみでザクザク、米粉でパリッ /
水菜のチーズチヂミ

材料 （26〜28㎝2枚分）

水菜（3㎝長さに切る）
　…150g
ベーコン（細切り）…2枚
A ┌ 米粉…100g
　│ 片栗粉…80g
　│ 中華だしのもと（顆粒）
　│　　…大さじ½
　└ ミックスチーズ…100g
水…150㎖
サラダ油…大さじ4

作り方 （作業時間15分）

1 ボウルにAを入れ、軽くまぜ、水を少しずつ加えながらさらにまぜる。

2 水菜とベーコンを入れ、全体をまぜる。

3 フライパンにサラダ油大さじ2を熱し、2の半量を入れて薄くのばす。両面をこんがりと焼く。残りも同様に焼く。

\ 捨てんといて！　立派な一品に /
じゃがいもの皮のパリパリ焼き

材料 （4人分）

じゃがいもの皮…適量
片栗粉…大さじ1
ガーリックソルト…少々
サラダ油…大さじ3〜4

作り方 （作業時間10分）

1 じゃがいもの皮と片栗粉をポリ袋に入れて、口をとじ、シャカシャカ振る。

2 フライパンにサラダ油を熱し、1を入れて中火で焼く。ガーリックソルトを振る。

注意：皮が緑色になっていたり芽が出ている場合は使用不可。

\ 家族で取り合い、人気の作りおき /
ひじきの煮物

材料 （4人分）

ひじき（乾燥）…10g
にんじん（細切り）
　…1本（150g）
油揚げ（短冊切り）…2枚
A ┌ めんつゆ（4倍濃縮）、
　└　みりん…各大さじ2
サラダ油…大さじ2

作り方 （作業時間10分）

1 ひじきは湯（分量外）でもどし、ふっくらしたら水けをきる。

2 フライパンにサラダ油を熱し、にんじんを入れて中火で炒める。にんじんがやわらかくなったら1、油揚げ、Aを加え、汁けがなくなるまで炒める。

やっと週末、みんなが好きなおかずをシェア

献立合計
1,800円
4人分

休みの前日は冷蔵室や乾物の在庫と相談しながら、家族みんなが食べたいものを積極的に作るようにしています。この日は幼稚園で収穫してきたおいもも食卓に上りました。

塩麹がおいしくしてくれる 焼くだけレシピ

手羽先のローストチキン

材料 （12本分）

鶏手羽先… 12本
液体塩麹（市販）… 50㎖
┌ めんつゆ（4倍濃縮）、みりん
A …各100㎖
└ はちみつ…大さじ1
いり白ごま…適量

作り方 （作業時間40分）

1 オーブンを180度で予熱する。ポリ袋に手羽先と液体塩麹を入れてよくもみ込み、袋の口をしばって15分おく。

2 オーブンの天板にオーブンシートを敷き、1を並べて180度のオーブンで20分焼く。

3 フライパンにAを入れ、中火にかけてひと煮立ちさせる。焼き上がった2を入れてまぜ、汁けがなくなるまで煮詰める。ごまを散らす。

焼き麩でかさまし 大満足！

焼き麩お好み焼き

材料 （26〜28㎝2枚分）

豚こまぎれ肉… 200g
キャベツ（せん切り）
…½玉（500g）
いかの姿フライ… 20g
┌ 焼き麩… 70g
│ かつおだし（顆粒）、削り粉、
A │ 小えび…各小さじ1
└ 薄力粉、片栗粉…各大さじ4
水… 200㎖
サラダ油…大さじ4
お好み焼きソース、マヨネーズ、
削り粉、青のり…各適量

作り方 （作業時間25分）

1 キャベツは電子レンジで10分加熱する。

2 ボウルにAを入れ、水を少しずつ加えながらまぜ、1といかの姿フライを砕きながら加えてよくまぜる。

3 フライパンにサラダ油大さじ2を熱し、2の半量を入れてのばし、豚肉の半量をのせ、中火で焼く。焼き色がついたらひっくり返して焼く。

4 残りも同様に焼く。器に盛り、ソース、マヨネーズをかけ、削り粉、青のりを振る。

\\ ピリ辛のたれでごはんがすすむ！ /

焼き肉のたれで食べる春雨サラダ

材料 （4人分）

緑豆春雨… 100g
トマト（1cmの角切り）
　…1玉（200g）
水菜（3cm幅に切る）
　…1/2束（100g）
ツナ缶…1缶（70g）
┌ 焼き肉のたれ…大さじ4
│ オイスターソース
A　…大さじ1
│ 食べるラー油…小さじ1
└ チューブにんにく…小さじ1/2
いり白ごま…適量

作り方 （作業時間10分）

1 ボウルに緑豆春雨を入れ、湯（分量外）でもどす。やわらかくなったらしっかり水けをきる。

2 トマト、水菜、ツナを缶汁ごと加え、Aを入れてまぜる。ごまを散らす。

\\ 幼稚園児のおいも掘り後は！ /

さつまいものみりん煮

材料 （4人分）

さつまいも（乱切り）
　…2本（500g）
みりん… 100mℓ
サラダ油…大さじ2

作り方 （作業時間20分）

1 さつまいもは水（分量外）に5分ほどさらして水けをきる。

2 鍋にサラダ油を熱し、1を入れて中火で焼く。

3 焼き色がついたらみりんを加えて全体をまぜ、ふたをしし、弱火で汁けがなくなるまで煮る。

\\ うちの冷蔵庫に常備 /

野菜のかんたん酢漬け

材料 （作りやすい分量）

大根（短冊切り）
　…1/3本（300g）
にんじん（短冊切り）
　…1本（150g）
赤パプリカ（乱切り）
　…1/2個（75g）
きゅうり（5mm幅の
　斜め切り）…1本（100g）
カンタン酢（市販）…適量

作り方 （作業時間5分）

1 切った野菜を容器に入れ、つかるくらいのカンタン酢を入れて30分ほど漬ける。

週末は一気に作れる ラク献立で

手羽元と野菜の グリル焼き

材料 （4人分）

鶏手羽元…8本
じゃがいも（乱切り）…2個（300g）
にんじん（乱切り）…1本（150g）
なす（乱切り）…3個（240g）
トマト（くし形切り）
　…1個（200g）
ハーブソルト…少々
オリーブ油…適量

作り方 （作業時間30分）

1　オーブンを180度で予熱する。

2　オーブンの天板にオーブンシートを敷き、手羽元とじゃがいも、にんじん、トマト、なすをランダムにおく。ハーブソルトを振り、オリーブ油を回しかける。

3　オーブンで20分焼く。

カルシウムがとれる えびいなり寿司

材料 （16個分）

油揚げ…8枚
　┌ 砂糖…大さじ1
　│ みりん…大さじ2
A │ しょうゆ…大さじ3
　│ かつおだし顆粒…大さじ1
　└ 水…300ml
ごはん…800g
　┌ カンタン酢（市販）…100ml
B │ 干しえび…大さじ3
　└ いり白ごま…大さじ2

作り方 （作業時間15分）

1　油揚げは湯（分量外）を回しかけて油抜きし、半分に切る。

2　鍋に1とAを入れ、中火にかける。汁けがほぼなくなったら火を止め、あら熱がとれるまで冷ます。

3　ボウルにごはん、Bを入れ、まぜる。2にごはんをたっぷり詰める。

2品合計
1,400円
4人分

子どもたちの大好きないなり寿司とオーブンまかせのグリル焼きはラクで手間なしなのに豪華！このほかに3〜4品作ります。

炒めたらすぐできちゃう！
トマトカレー味 パエリア

材料 （26cm浅型鍋）

米… 600g（4合）
えび… 8尾
鶏もも肉… 1枚（300g）
あさり（砂抜き済み）
　… 1パック（150g）
玉ねぎ（みじん切り）
　…½個（100g）
赤パプリカ（1cm幅の細切り）
　…¼個（30g）
A ┌ トマト缶（カットタイプ）
　│　… 1缶（400g）
　│ コンソメスープのもと（顆粒）
　│　… 大さじ1
　│ カレー粉… 大さじ2
　│ チューブにんにく、
　│　チューブしょうが… 各小さじ1
　└ 塩、こしょう… 各少々
湯… 800mℓ
サラダ油… 大さじ2

作り方 （作業時間30分）

1　えびは背中に切り込みを入れ、背わたをとる。鶏もも肉は5mm角切りにする。

2　鍋にサラダ油を熱し、玉ねぎを中火で炒める。透き通ってきたら鶏肉を加えて炒める。

3　米を入れ、**A**を加えまぜ、湯700mℓを注ぎ入れる。

4　沸騰したらえびとパプリカを放射状におき、間にあさりを散らしてふたをし、弱火で15分蒸し焼きにする。

5　残りの湯100mℓを回しかけ、ふたをして強火で2分加熱する。

2品合計
1,400円
4人分

子どもも大人も手が止まらなくなる！
さば缶クリチーの やみつきクラッカー

材料 （10個分）

ゆで卵… 1個
クリームチーズ… 50g
さば缶（水煮）… 1缶（160g）
塩、こしょう… 各少々
クラッカー… 10枚

作り方 （作業時間15分）

1　ゆで卵はみじん切り、クリームチーズは3mm角に切る。

2　さばの缶汁をきってボウルに入れ、**1**、塩、こしょうを加えまぜる。

3　クラッカーに**2**をのせる。

いつも走り回ってます！

私の1日のスケジュール

子どもたち全員が習い事に通う平日は常にバッタバタ。
どうやって1日のスケジュールを回しているか？　お見せしちゃいます。

送り迎えで忙しいとある月曜日

月曜日はタイマーをかけて、分刻みになるバタバタな午後が定番。週のはじまり、頑張ってます。

6:00	起床、朝食準備、弁当準備
7:00	洗濯物乾かす
7:30	小学生2人を送り出す SNSに投稿
9:00	幼稚園児2人を連れていく
9:30〜 14:00	仕事など やっと 一人の時間！
14:30	幼稚園にお迎え
15:00	帰宅 …片づけ、投稿用撮影 長女帰宅
16:00	次男ピアノへ連れていく、 長男帰宅 合間に撮影　タイマー 鳴りっぱなし！ 分刻み！
17:00	次男ピアノお迎え
17:30	夕食
18:00	ブログ投稿
19:00	風呂
20:30	子どもたち就寝、洗濯物を干す 動画編集やDMの返信、 追加の仕事など

明日の朝のこと、
今週の予定は…？

24:30	就寝

おやすみなさいzzz

土日、祝日のある日

週末はパパが子どもたちと出かけてくれるので、集中して仕事ができる時間……があるかな？（ないこともある・涙）

6:00	起床、朝食準備、弁当準備

週末のお昼は家族全員お弁当。
好きな時間に食べてもらいます

7:00	洗濯物乾かす
7:30	SNSに投稿
9:30〜 14:00	パパが子どもたちを連れて 遊びに出かける この間に仕事など
15:00	投稿用撮影　この間に 撮りだめも
17:30	夕食
18:00	ブログ投稿
19:00	風呂
20:30	子どもたち就寝、洗濯物を干す 動画編集やDMの返信、 追加の仕事など

22時過ぎに
晩酌できるかな…

24:30	就寝

おやすみなさいzzz

優先順位を考えて、
子どもの時間を一番に、
やれる範囲内で
楽しんでいます。

Part **3**

マル秘家計管理術

先の見えない漠然とした不安は常につきまといます。

大切なお金を守りながら、少しでも不安を減らしたいですよね。

そこでこの章では、元公認会計士として

働いていた経験を生かし、食費月4万円、

年収の3分の1を貯蓄に回す家計管理術をお伝えします。

家計管理でお金の不安からサヨナラ

元公認会計士ではありましたが、家計管理は不慣れでした。試行錯誤しながら進んできた中でも、効果があったことは…？

なぜ節約？ なぜ家計管理？

買い物に行くたびに気になるのは物価の上昇。子どもたちの成長とともに教育費は増加する一方。普通に暮らしているだけなのになぜかお金がなくなっている、「将来への不安」が消えない。それで、家計管理をしっかりして貯蓄を増やしたいと考えたのが出発点でした。

毎月ギリギリ、家計簿を見てため息

私は公認会計士として働いていました。上場企業を対象に決算書の信頼性を保証する仕事で、投資家に代わり決算書をチェック（これを監査といいます）するほか、経営アドバイスや税務に関するコンサルティングなど、幅広くお金と向き合う仕事です。

だったら家計管理などさぞ簡単にできるだろうと思いますか？ いえいえ、仕事とプライベートは別。家計管理は初心者でした。

しかし子どもが生まれ、収入が限られる中で家計はどんどん厳しくなり、2人目が生まれてからは毎月ギリギリの状態に。3人目、4人目の子どもが生まれたことで、これではいけない！ なんとか改善して子どもの教育資金を貯めなければ！

そこから、私の奮闘が始まりました。

現役時代を思い出して家計簿を分析

会計士のときの経験やスキルを生かして、次のことに取り組みました。

貯蓄目標の決め方

1 貯める目標金額を決める

たとえば、1000万円貯める！としたら？

2 いつまでに？

10年後かな

3 月々の貯蓄額を算出

1000万円÷10年＝100万円／年
ということは、月額約8.5万円

え、そんなに？

4 貯蓄専用口座へ！

貯めるお金は即移動！
もともとなかったものとする！
貯蓄口座はさわらない！

5 順調に増えていく

いえーい

1 家計簿の分析

　家計簿をただ書いているだけでは、何が問題なのかがわからないため、会計士時代の分析手法を活用し、わが家の家計簿を細かく分析することにしました。

　まずは月ごと、食費や日用品などの費目ごとに見て、前月や前年同月との違いを確認し、何にお金を使っているのかを把握することから始めました。

2 貯蓄目標を設定

　次に決めたのは貯蓄額です。わが家は「年収の3分の1を貯蓄」することに。

　具体的に目標を決めることで、「達成しよう！」という意識づけになります。

3 家計を分けて管理

　家計費は固定費と変動費の2つに分けられます。

　固定費とは、毎月ほぼ固定で発生する費用のこと。たとえば家賃、水道光熱費、通信費など。変動費は毎月変動して発生する費用のこと。たとえば食費や日用品購入費、交際費などです。

　まずはその大きな2つのくくりを確認します。詳しくはp.80〜81で説明しますね。

家計がギリギリ、子ども3人目、4人目が生まれる！

実録！

こうやって家計を安定、食費月4万円に成功！

わが家の家計費すごろく

固定費：パパ担当
定期的にチェックして見直し

家計簿を分析

家計費の見直し貯蓄を決意

変動費：ママ担当
なかでも食費が多い！
変動費の細分化で判明！

10年で1000万円貯めるなら年に100万円、月に約8.5万円だ！

目標額を決める

うちは年収の1/3を貯蓄に！

のこりは…
生活費

1/3は
BANK

速攻で！ないものと思う！

お給料が入ったら貯蓄口座へ！

家計簿で管理

分析・検証・対策・
実行を繰り返して

かさまし料理が
生まれた！

PDCAを回す
みたいだね

私の得意な料理で
食費を圧縮

みんなの好きは
あきらめない

**食費は
月4万円に！**

食費が多い！

節約！

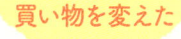
買い物を変えた

店　頻度　買うもの
家族が一致団結して協力

やったー！
ごほうび？旅行？

**支出全体も
目標クリア**

頻度　お店　買うもの

A店　B店

**目標
貯蓄額**

目標
達成!!

GOAL!

わが家の家計費、どうなっているの？

会計士として働いていた時代を思い出して、
家計費を細分化して確認してみると……問題が見えました！

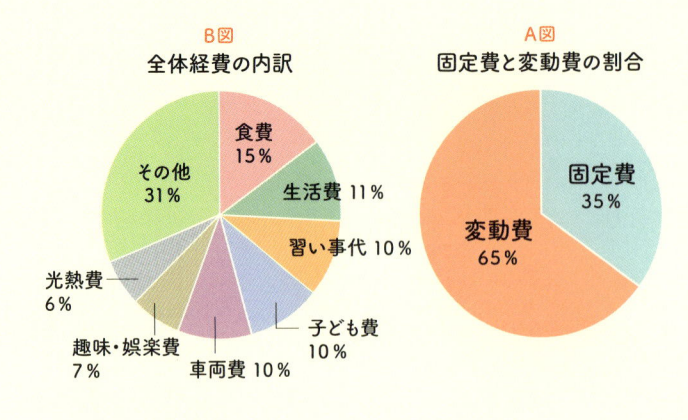

B図
全体経費の内訳

- 食費 15％
- 生活費 11％
- 習い事代 10％
- 子ども費 10％
- 車両費 10％
- 趣味・娯楽費 7％
- 光熱費 6％
- その他 31％

A図
固定費と変動費の割合

- 固定費 35％
- 変動費 65％

固定費と変動費に分けて考える

　家計は大きく固定費と変動費の2つに分けるとお話ししました。わが家では、パパと私の二人で家計費を分担・管理しており、固定費についてはパパが担当。

　固定費とは、光熱費（電気・水道・ガス・上下水道など）や税金、保険料、学校・幼稚園など教育費、習い事費用なども入ります。こちらはパパが定期的に見直しをしているため、私が考えるべきは変動費でした。

　変動費とは、食費をはじめとする生活に関わる買い物関係や移動の交通費、病院や趣味にかかるものなどです。

　この2つの割合をグラフにしたのがA図。固定費が35％で変動費が65％であることがわかりました。ここからさらに細かく見ていきます。

支出全体の割合も確認してみたら…

　A図とは別に、固定費・変動費を合わせた全体の経費をさらに細分化して割合を出したのがB図です。

　固定費で目につくのが子ども4人の習い事代で、全体の10％です。それより多いのが、変動費の生活費11％と食費15％。そう、食費が全体の15％も占めていたのです！

　実際、それまでのわが家の食費は、毎月8万〜9万円もかかっていました。当時はまだ子ども3人。なんでこんなにかかっているのだろう？と過去をさかのぼって家計簿を見直してみると……あったあった、無駄遣い。ここを徹底的に改善することにしたら、月4万円近くまで削減することに成功したのです。

このように、家計簿をつけていたおかげで、何が必要な経費なのか（これ以上削減できない）、何が削減可能なのか（対策を立てればよい！）を判断できました。

変動費の中でもいちばん動く項目は、食費と日用品です。そこで私は食費に着目。食費とまるっと考えるのではなく、昼食、間食（おやつ）、夕食、外食、そして飲み物代に分けて検討してみました。そして、まずは買い物の仕方を変えました。

ココを CHECK!

食費を細分化してみよう

☑ 生鮮食料品
☑ 調味料
☑ 野菜
☑ 惣菜など加工品
☑ ペットボトル飲料*
☑ ほかの飲み物*
☑ パン
☑ 米
☑ 間食*
☑ 外食*
☑ 酒類*

※普段の食費集計に＊印は入れません。

固定費・変動費のうち見直したい項目

☑ 食費　　　　　　　　　変動費
☑ 生活用品の購入内容と
　頻度　　　　　　　　　変動費
☑ 衣服購入費　　　　　　変動費
☑ 化粧品購入費　　　　　変動費
☑ 携帯電話（通信費）の費用
　　　　　　　　　　　　固定費
☑ 生命保険料　　　　　　固定費
☑ 習い事費用　　　　　　固定費

ココが POINT!

費用の細分化がカギ。食費だけでもたくさんありますよ！　このくらい分けて、何に毎月使っているか計算してみましょう。きっと無駄が見つかります。

ココが POINT!

固定費は、プランの見直しをするだけでなく、本当に必要かどうかチェック！変動費は、買いすぎていないか、在庫過多になっていないか、本当に欲しいかチェック！

対策 1

そうだ！買い物の仕方を変えよう

家計の見直しでいちばん効果があったのは、買い物の仕方と購入内容でした。ここではその具体策をお伝えします。

食費に8万〜9万円かかっていた理由

食費の見直しに着手した当時、子どもたちは5歳、3歳、1歳。長男を幼稚園に送ったあと、下の二人と散歩がてら毎日スーパーに行き、その日の食材を購入していました。毎回の支出は大きくなかったのですが、集計すると8万円以上！

そこでまず、買い物の内容を見直すことにしました。すると、買い物に行くたびに不要なものまで無意識のうちに買っていたことが判明。結果、支出が積み上がり、結構な額に膨れ上がることに。これが毎月8万〜9万円もの食費の正体でした。

買い物を週1回に、店を変えた！

ではどうしたらいいのでしょうか。答えは簡単で、買い物に行く回数を週に1回にしました。行くお店も変え、ディスカウントスーパーや激安の八百屋さんに絞り、ほかには行かないことにしました。買うものも定番化、鶏むね肉や豚こまぎれ肉、豆腐などを中心にしました。これだけで食費は激減しました。

子どもの要求にはこう対応

週1回の買い物で困るのが、子どもの声。「アレが食べたい、これがいい」には悩みますが、基本的に我慢させています。食べたいもの、欲しいものがある場合は、次の買い物までに伝えること、これをルールにしたのです。すると子どもも楽しみが増えるし、私自身も材料が足りないから買いに行かなきゃとならずに済んでいます。

その他の対策についてはp.83左下のとおり。ぜひ参考にしてくださいね。

次の買い物までに教えてね

OK

STOP

あれが食べたい！

今日はこれがいい！

ディスカウントスーパーで1週間分購入

かさまし食材

- 焼き麩
- 高野豆腐
- 豆腐
- 厚揚げ
- もやし
- えのき
- はるさめ

メイン食材

＊全部で2500円ほどが目安

- 鶏むね肉
- 豚こまぎれ肉
- 魚

ほかに、牛乳、卵、納豆、油、ミックスチーズ、トマト缶、さば缶、カニかま、餃子の皮など。

ココが**POINT!**

買い物中は電卓付きカートで常に計算しながら。

食材の買い方

調味料：わが家の定番品を購入（p.25参照）。ストックとして各1本、使いきったら追加。

乾物類：定番品をストック

米：福岡県産5kg2500円から5kg1000円程度のブレンド米へ変更（現在値上がり中、涙）

日用品：ストックを常にチェック、過剰在庫はNG

ココが**POINT!**

- スーパーの安売りセールに惑わされない！ 調味料や乾物など、消費期限が長いものはつい買いがちですが、必要以上の在庫は余剰品、出費がかさむもとです。
- 買わないのは、合わせ調味料、惣菜、お菓子類、菓子パン類、ペットボトル飲料。

激安八百屋で見切り品を中心に購入。これで2000円ぐらい。

対策2

ごほうびを用意してモチベーション維持

家計改善策として、食費にフォーカスすることにしましたが、我慢ばかりでは疲れます。ごほうびを用意するのがモチベーション維持のカギです。

ゆとりと楽しみを大切に

節約を始めるとキツキツ、カツカツに支出を削ろうとし始めます。でもちょっと待って。人って常にギリギリの状態になると精神的に疲弊して、いきなり巨額の買い物をしたくなるものです。それで私は、必ずゆとりを持つようにしています。家族の「やりたい、好き」を大事にするのです。

例えば子どもたちの習い事。わが家は4人ともピアノを習っていますが、ピアノってレッスン代だけでなく、コンクール出場費用、コンクール用の追加レッスン代、衣装代などさまざまな費用が発生します。けれど、子どもたちのやりたい気持ちを大切にしたいため、最優先で確保しようと決めています。

また、私たち自身の楽しみも忘れませんよ。パパは甘党なのでお菓子や大好きな本を自己研鑽目的で購入しています。私は無類の酒好きなので、これは欠かせないものとして、金額を決めて、たしなむ程度にお酒を楽しんでいます。

お付き合い費用も忘れずに

ほかに念頭においているのは、交際費やお祝い事です。例えば七五三の写真やアルバムの費用、着物レンタル代、小学校入学を控えた次男のランドセル代、また両家へのお中元やお歳暮、友達の結婚や出産といったお祝いも忘れないようにしています。これらは、日々の家計とは別に集計し、年度終わりに確認し、来年を予測して予算を確保しています。

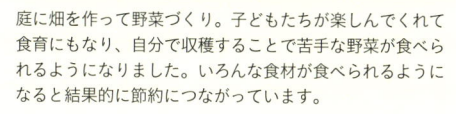

庭に畑を作って野菜づくり。子どもたちが楽しんでくれて食育にもなり、自分で収穫することで苦手な野菜が食べられるようになりました。いろんな食材が食べられるようになると結果的に節約につながっています。

増やすことも意識

今までは支出を抑えることに注力しましたが、現在は手元資金を増やすこともしています。銀行では定期預金以外に外貨建普通預金、外貨建定期預金にしたり、仕組預金なども利用し、利子を受け取っています。

食費を削ってその代わりに

家族に対してすごく頑張ったという感覚はないのですが、外食や、つい買いがちだった惣菜の購入は意識して減らしました。

また休みの日のお昼ごはんは、平日に作ったかさまし料理や副菜をお弁当箱に詰めておきます。家族全員分を用意し、公園などでピクニック感覚で食べたりしています。

外食は、1年のうち大まかに「この日」と見当をつけ、精いっぱい楽しむことにしています。

自分へのごほうび、さらに？

自分へのごほうびを用意していても、たまにぱーっと使いたくなります。そんなとき私は5回考えます。何度も考えて、最後に「本当にこれいる？」ってギモンがわいたら買いません。本当に欲しいものは悩まない！ そう思っています。

家計簿のつけ方、生かし方、わが家の場合

ここでは私が実際に使っている家計簿を例に、効果的なつけ方、生かし方をお伝えしますね。無理なく続けられることを第一に頑張りましょう！

家計簿は家計把握の第一歩

家計簿をつけるのは、企業でいえば経理業務。経理が適切に処理されていなければ、会社の収支が把握できず、実際に利益が出ているのかがわかりません。家計も同じことが言えます。家計簿があれば収入はいくらで支出はいくらなのか、毎月の収益（残金）がわかるようになります。

パソコン家計簿のいいところ

わが家のエクセル家計簿は自作です。詳細な項目が設定してあり、自動的に集計が表示されます。その結果を毎月比較すれば、異常に支出が多い月を見つけ出せます。

コツは一つ一つの買い物ではなく集計値を見ること。昨年の同月より異常に高額だったり、逆に低額な場合は内訳を点検し、原因を突き止めて対策します。これは会計士時代の業務と同じです。

これを月単位、年単位で追っていくと今後の支出予想ができて対策も立てられるので、予算オーバーを無理なく防げるようになります。

入力が面倒で家計簿が続けられない

そうはいっても、家計簿つけは面倒に感じますよね。実は私も、入力は買い物のつどではなく翌週までにしています。またカード払い分は明細で漏れがないかチェックし、引き落とし日までにカード専用口座に入金することにしています。

それでも、途中でもうやめたいと思うことも。まずはひと月、そして1年はやってみましょう。

たった1年で貯まった！
という達成感

　毎月貯金ができなくても、年間で見たら目標が達成できていることもあります。

　私も最初に家計を見直したとき、正直無理だろうと思っていました。もうすぐ4人目が生まれ、さらにお金がかかるのに、これ以上減らせない……と。

　しかし、食費が変わり、家族が一丸となって協力したことで必要以上の支出がなくなり、毎月、目標額を貯蓄に回せるよう

になりました。1年の終わりには驚くほどの利益となっていたのです！　これでもう1回旅行に行けるという、旅行好きのわが家にはとてもいいごほうびができました。

　家計を見直すためには家族全員の協力が必要ですが、我慢ばかりでは不満も出るし、疲れもたまる。自分自身にも、家族にもごほうびを用意するのが長続きする秘訣ではないでしょうか。

家計簿で
やること

1　支出はパパと私
　　それぞれ入力
↓週に1度の入力
↓カード明細の突き合わせ、
　カード支払い分を入金
↓自動的に集計結果が出る！

2　毎月、費目ごとに
　　集計結果を検討
年単位でチェック

3　おかしな数字を
　　見つけて対策を練る
↓月に1度、パパと反省会

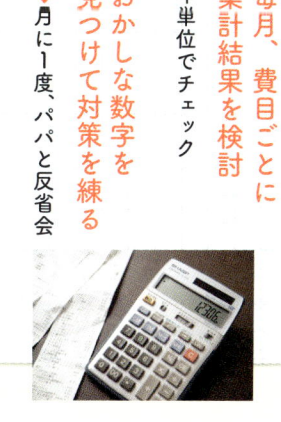

節約・家計簿が苦手な人へ
うさまる式家計管理 Q&A

フォロワーさんから寄せられた、家計に関するお悩みの声に
具体的におこたえします！

Q 節約のモチベーションが
保てません（涙）！

A まずは目標の設定を！5年後に500
万円貯めたければ1年で100万円、
月8万円強というところまで落とし込む
と目標が明確になってモチベ維持に。

Q 節約に協力しない夫に
イラッ！ どうすれば？

A 私もイラッとしてます！(笑) わかり
合えないことが多いので、日々の収
支を見せるとビビビッとくるよう。あ
と、自分の買い物はお小遣い内で、とと
り決めをするといいですよ。

Q 週1回の買い出しだと
週末が食材不足

A なぜ不足するのか原因を突き止め
て！ 作りすぎなのか、買い物の量
が少ないのか。また献立もこの本を参考
に（笑）、バランスよく作ると食材も同
等に減るのでおすすめです。

Q 気づかないうちに
予算オーバーに

A 週に1度の見直しをぜひ実行してく
ださい。見直すだけで翌週の行動が
変わり、毎週続けたら1カ月の状況が変
わります。予算オーバー卒業です！

Q 無駄遣いしていないのに
なぜか減ってます！

A 私もそうでした！ だけど、必ず原
因があります。無駄遣いしていない
と思い込んでいたり、ちょっとのつもり
がちょくちょく買っていたり。そこを改
善すればうまくいきます。

Q 食べ盛りの子どもたちに
お金がかかります！

A そこは腹をくくりましょう！ その
うえで何を食べているかを把握しま
しょう。お肉やお米ばかりでは食費がア
ップしますが、野菜やきのこ、乾物など
をとり入れると食費抑制になります。

Q 常に支払いに
追われてる気がします！

A まずは毎月の支払額を集計しましょ
う。カード払いや、家や車のローン
など支払額を収入から除いた金額で生活
するよう心がけます。現金支払いは、使
いすぎ防止になります。

Part 4

食卓には常時5〜6種類を並べるから

アイディア勝負！サブおかずと野菜のおかず60

豆腐や野菜でいろいろ工夫してみたら魚や肉、主食となるごはんやパスタがもっとおいしくなります。子どもたちの苦手もこれでかなり解消しました！

400円／4人分

わが家の冷蔵室に常時ある豆腐は扱いやすく、貴重なたんぱく源なので、おいしい使い方をいつも考えています。おかげでさまざまなレシピが生まれました。

バターソイチキンカレー

カレールーなしで本格的な味

豆腐がカレーのルーに。水分を入れないので濃厚です。

材料 （4人分）

鶏むね肉… 1枚 (350〜400g)
水きり豆腐… 1丁 (400g)
玉ねぎ (みじん切り、できるだけ細かく)
　… 1個 (200g)

A
- カレー粉…大さじ2
- ヨーグルト…大さじ1
- マヨネーズ…大さじ1
- 塩、こしょう…各少々

バター… 15g

B
- トマト缶 (カットタイプ)… 1缶 (400g)
- コンソメスープのもと (顆粒)…大さじ1
- チューブにんにく、チューブしょうが
　…各大さじ1/2
- トマトケチャップ…大さじ2
- ウスターソース…大さじ1
- 赤ワイン…小さじ1

ごはん… 800g
ゆで卵 (スライス)… 2個
パセリ (乾燥)…適量

作り方 （作業時間30分）

1 鶏肉は5mm角に切ってポリ袋に入れ、Aを加えてしっかりともみ込み、15分ほどおく。

2 水きり豆腐は泡立て器でまぜるか、フードプロセッサーでクリーム状にする。

3 フライパンにバターを熱し、玉ねぎを入れて中火で炒める。玉ねぎに火が通ったら1、2、Bを加えてまぜ、ふたをして弱火で10分煮込む。

4 器にごはんをよそい、3をかけ、ゆで卵を添える。パセリを振る。

キャベツと豆腐で作る
即席ミニお好み焼き

200円／4人分

豆腐でかさまし、ふわっふわです。キャベツを
じっくり焼くと甘みが出ておいしとよ。

材料　（5個分）

水きり豆腐…1丁（400g）
キャベツ（せん切り）…200g
カニ風味かまぼこ（5mm幅に切る）…75g
- A
  - かつおだし（顆粒）…大さじ1
  - 天かす…大さじ1
  - 米粉…大さじ5
  - 片栗粉　大さじ3
サラダ油…大さじ3〜4
- B
  - お好みソース、マヨネーズ、削り粉、
  - 青のり…各適量

作り方　（作業時間20分）

1 ボウルに豆腐、キャベツ、カニかま、**A**
を入れてまぜる。一口大の俵形にする。

2 フライパンにサラダ油を熱し、**1**を並べ
て中火で焼く。

3 両面が焼けたら器に盛り、**B**をかける。

豆腐ピザ

200円／4人分

豆腐はピザにも化けるんです！　即席ピザなら
ちょっとしたお家パーティーにもおすすめ。

材料　（26〜28cm2枚分）

- A
  - 水きり豆腐…1丁（400g）
  - 薄力粉…200g
  - 片栗粉…大さじ2
冷凍ピーマン（市販）…60g
マッシュルーム（薄切り）…60g
ベーコン（短冊切り）…1枚
トマトケチャップ…大さじ4
ミックスチーズ…100g

作り方　（作業時間20分）

1 ポリ袋に**A**を入れ、しっかりまぜる。オ
ーブンを180度に予熱を始める。

2 ポリ袋から出して半分に分け、めん棒で
直径26〜28cmにのばす。

3 ケチャップを塗り、ピーマン、ベーコン、
マッシュルーム、ミックスチーズをのせ、
180度のオーブンで20分焼く。

4 オーブン温度を200度に上げて、さらに
5分焼く。

生豆腐ソーセージ

350円／4人分

鶏ソーセージを油なしでヘルシーに。
生春巻きの皮の消費にも一役。

材料 （8本分）

鶏むね肉… 1枚（350~400g）
水きり豆腐… 1丁（400g）
A ┌ ミックスチーズ… 30g
  │ チューブにんにく… 大さじ1/2
  │ マヨネーズ… 大さじ1
  │ 塩、こしょう… 各少々
  └ 片栗粉… 大さじ3
大葉… 8枚
明太子… 50g
生春巻きの皮… 8枚

作り方 （作業時間15分）

1 ボウルに豆腐を入れ、泡立て器かハンドブレンダーでクリーム状にする。

2 鶏肉は5mm～1cm角に切って**1**に入れ、**A**を加えてまぜる。

3 生春巻きの皮は水（分量外）にくぐらせておき、大葉、明太子、**2**を中心において細長くなるよう包む。フライパンに並べ、中火で焼く。

豆腐たこ焼き

450円／4人分

たこ焼き器がなくても
豆腐の力で簡単に、あっという間に完成！

材料 （12個分）

たこ（12等分に切る）… 100g
キャベツ（せん切り）… 100g
水きり豆腐… 1丁（400g）
A ┌ かつおだし（顆粒）… 大さじ1
  │ 干しえび、天かす… 各大さじ1
  └ 米粉… 大さじ6
サラダ油… 大さじ3～4
B ┌ お好みソース、マヨネーズ、
  └ 　干しえび、青のり… 各適量

作り方 （作業時間20分）

1 ボウルに豆腐を入れ、泡立て器かハンドブレンダーでクリーム状にする。

2 **1**にキャベツと**A**を入れ、よくまぜて12等分にする。たこを1個ずつ包みながら丸める。

3 フライパンにサラダ油を熱し、**2**を入れて中火で焼く。器に盛り、**B**をかける。

豆腐のポテロング風

袋からニュッとしぼり出して焼いたら完成。
お子さんと一緒にやってみて。

50円／4人分

材料 （4人分）

水きり豆腐…1丁（400g）

A ┌ 中華だしのもと（顆粒）…大さじ½
　├ 青のり…大さじ1
　├ ミックスチーズ…80g
　├ 米粉…大さじ5
　└ 片栗粉…大さじ2
サラダ油…大さじ2

作り方 （作業時間15分）

1 ボウルに豆腐を入れ、泡立て器かハンドブレンダーでクリーム状にする。

2 Aを加えまぜ、冷凍用保存袋に入れて、袋の角を切る。

3 フライパンにサラダ油を熱し、2をしぼり出し、中火で焼く。

担担温泉豆腐

豚こま、豆腐のダブルに牛乳、野菜で
栄養たっぷりなスタミナおかず。

500円／4人分

材料 （4人分）

豚こまぎれ肉…250g
水きり豆腐…1丁（400g）
小松菜（5cm長さに切る）…½束（150g）
もやし…1袋（200g）
米粉…大さじ1

A ┌ 牛乳…1ℓ
　├ ダシダ…大さじ2
　├ チューブにんにく、チューブしょうが
　│　…各大さじ½
　├ 食べるラー油…小さじ1
　└ 塩、こしょう…各少々
サラダ油…大さじ2

作り方 （作業時間15分）

1 豚肉に米粉をまぶす。

2 フライパンにサラダ油を熱し、1を入れて中火で焼く。カリカリに焼けたら、小松菜を加えて炒める。

3 小松菜がしんなりとしたら、もやしとAを加えて煮る。

4 もやしがくたっとなったら豆腐を加え、お玉などで好みの大きさに切り分けながら全体をまぜる。

200円／4人分 （見切り品利用）

旬を彩る野菜は旬だからこそお安く出回りますが、わが家ではさらに見切り品をチェックして、おいしいレシピに仕上げるようにしています。

\ 使いでのある白菜をドン！と消費 /

白菜

白菜1キロ豆腐焼き

白菜でかさまし、豆腐でたんぱく質増量。
安くて大満足、お好み焼きのような豆腐焼きです。

材料 （26〜28cm2枚分）

白菜（1cm幅に切る）
　…½個（1kg）
豚こまぎれ肉…250g
水きり豆腐…1丁（400g）
A ┌ かつおだし（顆粒）…大さじ1
　│ 干しえび、天かす、削り粉
　│ 　…各大さじ1
　│ 薄力粉…100g
　└ 片栗粉…大さじ2
サラダ油…大さじ4
B ┌ お好みソース、マヨネーズ、
　└ 　削り粉、青のり…各適量

作り方 （作業時間30分）

1 白菜は耐熱ポリ袋に入れ、口をしばらずに平らにし、電子レンジで7分、ひっくり返して5〜7分加熱する。袋を立ててあら熱をとる。

2 ボウルに豆腐を入れ、泡立て器、またはハンドブレンダーでクリーム状にして、Aを加えてまぜる。

3 1の水けをしっかりとしぼり、2に入れてまぜる。

4 フライパンにサラダ油大さじ2を熱し、豚肉の半量を広げる。その上に3の半量をのせ、広げて中火で焼く。

5 焼き色がついたらひっくり返し、フライ返しでしっかりと押さえながら焼く。

6 両面が焼けたらとり出し、残りも同様に焼く。器に盛り、Bをかける。

白菜と豚ひき肉の丸ごとステーキ

白菜

200円／4人分 （見切り品利用）

白菜と相性の良い豚ひき肉とともにお鍋で
グツグツ。甘辛いステーキ風のでき上がり。

材料 （4人分）

白菜（縦に4等分）…½個（1kg）
豚ひき肉…250g
にんにく（薄切り）…1かけ（6g）
A ┌ 焼き肉のたれ…大さじ6
　 │ チューブにんにく…大さじ½
　 └ 湯…1カップ
サラダ油…大さじ4
パルメザンチーズ、パセリ（乾燥）
　…各適量

作り方 （作業時間20分）

1 フライパンにサラダ油とにんにくを
　入れ、火にかける。焼き色がついた
　ら白菜の半量を加え、にんにくを白
　菜の上に移して白菜を焼く。

2 ひっくり返し、ひき肉をバラさない
　ようにしながら、白菜の真ん中にお
　く。残りの白菜を肉にかぶせてAを
　加え、ふたをして10分煮込む。パ
　ルメザンチーズ、パセリを振る。

大根の無限サラダ

大根

100円／4人分

レンジでチンしてまぜるだけなのに
止まらない、止まらない、
ずっと食べちゃうサラダです。

材料 （4人分）

大根（せん切り）…½本（500g）
ツナ缶…1缶（70g）
A ┌ めんつゆ（4倍濃縮）…大さじ1
　 │ 焼き肉のたれ…大さじ2
　 │ トマトケチャップ…大さじ1
　 └ 食べるラー油…小さじ1
韓国のり…適量
いり白ごま…適量

作り方 （作業時間10分）

1 耐熱ボウルに大根を入れ、電子レン
　ジで4分加熱する。ツナを缶汁ごと
　加え、Aを入れてまぜる。

2 あら熱がとれたら、韓国のりとごま
　を振りかける。

大根 小松菜 大根と小松菜の ほっこりツナ煮

ツナで野菜を煮るとおいしくてぺろっと
食べられちゃう。卵でちょっと豪華に。

300円／4人分

材料 （4人分）

大根（せん切り）…½本（500g）
小松菜（2～3cm長さに切る）…1束（150g）
ツナ缶…1缶（70g）
卵…3個
A「ダシダ…大さじ1
 └塩、こしょう…各少々
ごま油…大さじ2
いり白ごま…適量

作り方 （作業時間15分）

1 フライパンにごま油を熱し、大根と小松
　菜を中火で炒める。

2 しんなりとしたら、ツナを缶汁ごと入れ、
　Aを加えてまぜながら炒める。

3 卵を落とし入れ、ふたをする。卵の白身
　が固まったら、ごまを振る。

大根 大根と豚こまの 中華風甘みそ炒め

赤みそのコクのある上品な甘みで
大根も水菜も豚肉もどんどん食べちゃう。

350円／4人分

材料 （4人分）

大根（3mm厚さのいちょう切り）
　…½本（500g）
水菜（5cm長さに切る）…½束（100g）
豚こまぎれ肉…300g
片栗粉…大さじ2
A「赤みそ…大さじ1
 │みりん…200mℓ
 │中華だしのもと（顆粒）…大さじ½
 └チューブしょうが…小さじ1
サラダ油…大さじ2
いり白ごま…適量

作り方 （作業時間15分）

1 耐熱ボウルに大根を入れ、電子レンジで
　10分加熱する。豚こまぎれ肉に片栗粉
　をまぶす。

2 フライパンにサラダ油を熱し、豚肉を広
　げて動かさずに中火で焼く。

3 焼き色がついたら、大根を入れて、肉を
　ほぐしながら一緒に焼く。

4 大根に焼き色がついたら水菜とAを加え
　て、汁けがなくなるまで煮詰める。器に
　盛り、ごまを振る。

キャベツ とろ〜りあんかけの キャベかに玉

盛り上げたキャベツにとろ〜りあん。
野菜がたっぷりとれます。

150円／4人分

キャベツ（せん切り）…1/4玉（300g）
ガーリックソルト…少々
豆腐…1/2丁（200g）
カニ風味かまぼこ…1パック（75g）
A ┌ 卵…3個
　├ 鶏ガラスープのもと（顆粒）…小さじ1
　├ めんつゆ（4倍濃縮）…大さじ1/2
　└ ごま油…小さじ1
B ┌ めんつゆ（4倍濃縮）、みりん、
　├　カンタン酢…各大さじ4
　└ 片栗粉…大さじ1/2
細ねぎ（小口切り）…適量

作り方 （作業時間15分）

1 キャベツは耐熱ボウルに入れ、電子レンジで5分加熱し、ガーリックソルトを振りかける。皿に、こんもりと盛る。

2 豆腐は電子レンジで3分加熱し、水けをきってから耐熱ボウルに入れ、泡立て器またはハンドブレンダーでクリーム状にする。A、カニかまを加えてまぜる。

3 電子レンジで2分加熱し、とり出してまぜ、再度1分加熱する。1のキャベツの上に盛る。

4 鍋にBを入れてまぜ、中火にかけ、とろみがつくまでへらでまぜる。3にかける。細ねぎを散らす。

キャベツ キャベツの お手軽サラダ

100円／4人分

せん切りキャベツがあっという間に
なくなります。お手軽なのにこのうまさ！

材料 （4人分）

キャベツ（せん切り）…1/2玉（600g）
A ┌ 塩こんぶ…30g
　├ 鶏ガラスープのもと（顆粒）…大さじ1/2
　├ チューブにんにく…小さじ1
　└ ごま油…小さじ1
いり白ごま…適量

作り方 （作業時間10分）

1 キャベツは耐熱ボウルに入れて、電子レンジで5分加熱する。

2 Aを入れてまぜ、あら熱をとる。器に盛り、ごまを振る。

ひき肉と小松菜の コッテリあえ

小松菜
にんじん

200円／4人分

レンチンでさっと作れるのにあとを引く。
これ作っておけばごはんがすすみます。

材料 （4人分）

小松菜（3cm長さに切る）… 1束（150g）
にんじん（細切り）… 1本（150g）
豚ひき肉… 120g
- 中華だしのもと（顆粒）… 大さじ½
- A マヨネーズ… 大さじ1
- 中濃ソース… 大さじ1
- チューブにんにく… 小さじ1
いり白ごま… 適量

作り方 （作業時間11分）

1 耐熱ボウルに小松菜の茎とにんじん、ひき肉を入れ、電子レンジで5分加熱する。全体をまぜる。

2 Aを加え、小松菜の葉をのせ、電子レンジで5分加熱する。ざっとまぜ、あら熱をとってごまを振る。

野菜もりもり チャプチェ

にんじん
小松菜

400円／4人分

小松菜とにんじんが色鮮やかな中華風炒めもの。
濃いめの味つけです。

材料 （4人分）

にんじん（細切り）… 1本（150g）
小松菜（3cm長さで切る）… 1束（150g）
緑豆春雨… 100g
豚こまぎれ肉… 250g
米粉… 大さじ1
- 中華だしのもと（顆粒）… 大さじ½
- A オイスターソース… 大さじ2
- トマトケチャップ… 大さじ2
- チューブにんにく… 小さじ1
サラダ油… 大さじ2
いり白ごま… 適量

作り方 （作業時間15分）

1 ボウルに緑豆春雨を入れ、湯（分量外）でもどし、湯をしっかりきる。豚肉に米粉をまぶす。

2 フライパンにサラダ油を熱し、中火で豚肉、にんじんを入れて焼く。豚肉に焼き色がついたら小松菜を加え、炒める。春雨とAを加えてまぜる。ごまを振る。

ブロッコリー ブロッコリーとひじき
のオイマヨサラダ

ブロッコリーを海の食材であえました。
子どもたちも食べやすいです。

250円／4人分

材料 （4人分）

ブロッコリー（小房に分ける）… 1個（250g）
ツナ缶… 1缶（70g）
ひじき（乾燥）… 10g
 ┌ オイスターソース…大さじ2
A マヨネーズ…大さじ5
 └ チューブにんにく…小さじ1
いり白ごま…適量
ゆで卵、ミニトマト…適量

作り方 （作業時間8分）

1 ひじきを湯（200㎖）に入れてもどし、
 しっかり水けをしぼる。耐熱ボウルにブ
 ロッコリーを入れ、電子レンジで5分加
 熱する。

2 ツナを缶汁ごとと、ひじき、**A**を加えて
 まぜる。

3 ごまを振り、ゆで卵やトマトと盛りつけ
 る。

ブロッコリー 無限ブロッコリー

いつものブロッコリーにあきたら、甘辛い
たれとサクサクオニオン、チーズでいかが？

200円／4人分

材料 （4人分）

ブロッコリー… 1個（300g）
 ┌ 焼き肉のたれ…大さじ2
 │ 食べるラー油…大さじ1/2
A
 │ フライドオニオン…大さじ1
 └ パルメザンチーズ…大さじ2強
パルメザンチーズ…適量

作り方 （作業時間10分）

1 ブロッコリーは小房に切る。茎のかたい
 ところや皮をとり除き、乱切りにする。

2 耐熱ボウルに**1**を入れ、電子レンジで6
 分加熱する。**A**を入れてまぜる。パルメ
 ザンチーズを振る。

菜の花と新玉ねぎの ピリ辛醤油麹あえ

菜の花

300円／4人分

季節の味をさっとレンジ加熱して、しょうゆ麹などで味つけ。春の味を手軽にどうぞ。

材料 （4人分）

菜の花（半分に切る）…1束（200g）
新玉ねぎ（薄切り）…1個（200g）
カニ風味かまぼこ（割く）…½パック（55g）
A┌ しょうゆ麹（市販）…大さじ1
 │ マスタード…小さじ1
 └ マヨネーズ…大さじ3
いり白ごま…適量

作り方 （作業時間8分）

1 耐熱ボウルに菜の花と玉ねぎを入れ、電子レンジで5分加熱する。

2 Aとカニかまを入れてまぜる。器に盛り、ごまを振る。

とん平もち チーズ焼き

もやし
ねぎ

切りもちをとん平焼きに入れちゃった！
子どもたちから大歓声。

300円／4人分

材料 （直径20cm2枚分）

もやし…2袋（400g）
ねぎ（小口切り）…1本（100g）
豚こまぎれ肉（5mm角切り）…200g
切りもち（5mm角切り）…200g
塩、こしょう…各少々
卵…4個
サラダ油…大さじ2
スライスチーズ（半分に切る）…4枚
お好みソース、マヨネーズ、
　細ねぎ（小口切り）…各適量

作り方 （作業時間30分）

1 耐熱ボウルを2つ用意し、それぞれにねぎと豚肉を半量ずつ入れ、切りもちをのせる。塩、こしょうを振り、もやしをのせる。

2 ボウルを1つずつ、切りもちがやわらかくなるまで電子レンジで10分加熱し、よくまぜる。こんもりと皿に盛りつける。

3 フライパンにサラダ油大さじ1を入れて熱し、卵2個をといて流し入れ、ふちが固まったらスライスチーズ4切れをのせて弱火で焼く。

4 チーズの面を下にして、2の皿1枚にかぶせる。残りの卵2個も同様に焼いて、残りの皿1枚にかぶせる。お好みソース、マヨネーズをかけ、ねぎを散らす。

もやし
チンゲンサイ

博多屋台風ラーもやし

もやし2袋でどん！と。
福岡県民溺愛の味をどうぞ。

400円／4人分

材料 （4人分）

もやし…2袋（400g）
チンゲンサイ（3cm幅のざく切り）…2株（200g）
玉ねぎ（薄切り）…1個（200g）
豚こまぎれ肉…200g
厚揚げ（12等分に切る）…2枚
米粉…大さじ1
A[牛乳…150mℓ
　 ダシダ…大さじ1
　 オイスターソース…大さじ1
　 チューブにんにく…大さじ½]
サラダ油…大さじ3
いり白ごま、黒こしょう、ゆで卵、紅しょうが
…各適量

作り方 （作業時間15分）

1 豚肉と厚揚げに米粉をまぶす。

2 フライパンにサラダ油を熱し、1を中火で焼く。焼き色がついたら、玉ねぎとチンゲンサイの厚い部分を加え、一緒に炒める。

3 しんなりしたら、チンゲンサイの葉ともやし、Aを加えてまぜ、5分ほど煮る。

4 器に盛り、ごま、黒こしょうを振って、ゆで卵、紅しょうがを添える。

もやし

無限もやしナムル

150円／4人分

やっぱり安いもやしは偉大。
こまったときのお助けレシピにしてください。

材料 （4人分）

もやし…2袋（400g）
ツナ缶…1缶（70g）
A[めんつゆ（4倍濃縮）…大さじ3
　 みりん　大さじ2
　 コチュジャン…小さじ½
　 チューブにんにく…小さじ½
　 ごま油…小さじ1]

作り方 （作業時間5分）

1 もやしは耐熱ボウルに入れ、電子レンジで4分加熱する。水けをしっかりしぼる。

2 ツナを缶汁ごとと Aを加えまぜる。

鶏皮と玉ねぎの ピリ辛ポン酢炒め

玉ねぎ

100円／4人分

鶏皮の脂で炒めるからうまみたっぷり。
玉ねぎ好きの長女のリピ No.1 です。

材料 （4人分）

玉ねぎ（薄切り）… 2個（400g）
鶏皮… 150g
A 「 ポン酢… 大さじ3
  └ 食べるラー油… 小さじ1
いり白ごま… 適量

作り方 （作業時間10分）

1 鶏皮は一口大に切り、フライパンに入れて中火にかける。

2 鶏皮の上に玉ねぎをのせ、そのまま動かさずにおいておく。

3 焼き色がついたらひっくり返し、まぜながら炒める。玉ねぎが透明になってきたら、**A**を加えてまぜる。ごまを振る。

韓国風みそ玉ねぎ

玉ねぎ

150円／4人分

辛い玉ねぎと卵がクセになります。
これだけで？というお味、定番にしてください。

材料 （4人分）

玉ねぎ（くし形切り）… 2個（400g）
ゆで卵… 4個
A 「 赤みそ… 大さじ2
  │ めんつゆ（4倍濃縮）… 大さじ2
  │ みりん… 大さじ4
  └ 水… 100㎖
とうがらし（鷹の爪）… 2本
細ねぎ（小口切り）… 適量

作り方 （作業時間10分）

1 玉ねぎは耐熱ボウルに入れて電子レンジで5分加熱する。

2 **A**、とうがらしを入れてまぜ、ゆで卵を加え、ラップを卵に密着させるようにしてかける。

3 冷蔵室で半日ほど漬ける。器に盛り、細ねぎを散らす。

なす

砂肝となすの
トロうま焼き

なすのとろとろと砂肝の歯ごたえが合うんです。
おいしくて次男がペロッと食べちゃった。

250円／4人分

材料　（4人分）

なす（乱切り）… 4本（320g）
砂肝… 250g
片栗粉… 大さじ1
A 「 中華だしのもと（顆粒）… 小さじ1
　 オイスターソース… 大さじ1
　└ トマトケチャップ… 大さじ1/2
サラダ油… 大さじ2

作り方　（作業時間20分）

1 砂肝は、銀皮が気になる場合はとり除き、3mm程度の厚さに切り、片栗粉をまぶす。

2 フライパンにサラダ油を熱し、中火で焼く。焼き色がついたらなすを入れて炒める。

3 なすがやわらかくなったら、Aを加えてからめる。

なす

うちのラタトゥイユ

野菜たっぷりでもりもり元気が出ると。
夏の野菜が元気な季節にぜひどうぞ。

200円／4人分

材料　（4人分）

なす（1cmの角切り）… 4個（320g）
ズッキーニ（1cmの角切り）… 1本（170g）
赤パプリカ（1cmの角切り）… 1/2個（75g）
にんじん（1cmの角切り）… 1本（150g）
ベーコン（細切り）… 2枚
A 「 トマト缶（カットタイプ）… 1缶（400g）
　 コンソメスープのもと（顆粒）… 大さじ1
　 チューブにんにく、チューブしょうが
　　　… 各小さじ1/2
　└ 塩、こしょう… 各少々
オリーブ油… 大さじ2

作り方　（作業時間30分）

1 にんじんは耐熱ボウルに入れ、電子レンジで5分加熱する。

2 フライパンにオリーブ油とベーコンを入れ、中火にかける。ベーコンに焼き目がついたら、なすとズッキーニ、パプリカ、にんじんを入れて炒める。

3 野菜がやわらかくなったら、Aを入れてまぜる。ふたをして弱火で10分ほど煮込む。

ピーマンと厚揚げの塩こんぶチーズ炒め

塩こんぶとミックスチーズのうまみをダブルで使った炒めもの。あと1品にぜひどうぞ。

材料（4人分）

ピーマン（縦半分に切る）… 8個（240g）
厚揚げ（8等分にする）… 2枚
片栗粉… 大さじ1
塩こんぶ… 10g
ミックスチーズ… 100g
サラダ油… 大さじ2
いり白ごま… 適量

作り方（作業時間10分）

1 厚揚げに片栗粉をまぶす。

2 フライパンにサラダ油を熱し、中火で焼く。焼き色がついたら、ピーマンを加えて炒める。

3 ピーマンがやわらかくなったら、塩こんぶとミックスチーズを入れ、全体をまぜる。ごまを振る。

200円／4人分

かぼちゃのペペロン焼き

かぼちゃをマヨネーズで焼いてホクホクこっくり。子どもにはとうがらしは省いてください。

材料（4人分）

かぼちゃ（2〜3mm幅に切る）
　… 1/3個（400g）
ベーコン（短冊切り）… 1枚
にんにく… 1かけ（6g）
マヨネーズ… 大さじ2
好みでとうがらし（輪切り）… 少々
塩、こしょう… 各少々
いり白ごま… 適量

作り方（作業時間15分）

1 耐熱ボウルにかぼちゃを入れ、電子レンジで5分加熱する。

2 フライパンにベーコンとにんにく、好みでとうがらしを入れ、マヨネーズをかけて中火にかける。焼き色がついたらかぼちゃを加えて焼く。塩、こしょうを振る。皿に盛り、ごまを振る。

200円／4人分

パプリカ たけのこ
冷凍パプリカで作る チンジャオロースー

子どもたちが幼稚園で掘ってきたたけのこをゆがいてさっと炒めものに。

500円／4人分

材料 （4人分）

冷凍パプリカ…150g
豚こまぎれ肉…300g
たけのこの水煮（乱切り）…100g
片栗粉…大さじ1
A「ダシダ…小さじ1
　めんつゆ（4倍濃縮）、みりん…各大さじ1
　└チューブにんにく…小さじ1
ごま油…大さじ2
いり白ごま…適量

作り方 （作業時間15分）

1 豚肉に片栗粉をまぶす。フライパンにごま油を入れて熱し、中火で動かさず焼く。焼き色がついたら、ひっくり返す。

2 たけのことパプリカを入れ、肉をほぐしながら炒める。

3 たけのこに焼き色がついたら、**A**を加えてからめる。ごまを振る。

たけのこ
たけのこのほっこり煮

栄養価も高く、安く出回る旬の味。定番の煮物は、和風だしであっさり。

400円／4人分

材料 （4人分）

たけのこの水煮（いちょう切り）…100g
にんじん（乱切り）…1本（150g）
ごぼう（斜め薄切り）…½本（90g）
スナップえんどう…50g
鶏むね肉（一口大に切る）…1枚（350〜400g）
米粉…大さじ1
A「かつおだし（顆粒）…人さじ1
　料理酒…100㎖
　└しょうゆ、みりん…各小さじ1
マヨネーズ…大さじ2
いり白ごま…適量

作り方 （作業時間20分）

1 ごぼうは酢水（分量外）につけてアク抜きする。にんじんは耐熱ボウルに入れて電子レンジで3分加熱する。鶏肉に米粉をまぶす。

2 フライパンに鶏肉とマヨネーズを入れ、中火にかける。焼き色がついたらひっくり返し、たけのことにんじん、水けをきったごぼうを加えて炒める。

3 野菜に焼き色がついたら、スナップエンドウと**A**を加える。ふたをして5分ほど煮る。器に盛り、ごまを振る。

にんじんのチーズガレット

にんじん

腹ペコさんのリクエストにこたえるならこれ。
にんじんと玉ねぎならすぐ作れる！

材料 （26〜28cm 2枚分）

にんじん（細切り）…2本（300g）
玉ねぎ（薄切り）…1個（200g）
A ┌ ダシダ…大さじ1
　├ 薄力粉…大さじ5
　└ ミックスチーズ…100g
サラダ油…大さじ4

作り方 （作業時間15分）

1 耐熱ボウルににんじんと玉ねぎを入れ、
電子レンジで5分加熱する。Aを加え、
全体をまぜる。

2 フライパンにサラダ油大さじ2を入れて
熱し、1の半量を入れ、薄くのばして中
火で焼く。両面に焼き色がつくまで焼く。
残りも同様に焼く。

200円／4人分

アスパラとカニかまのチーズ春巻き

グリーン
アスパラ
ガス

春巻きの皮で巻いてフライパンで焼くだけ。
餃子の皮で焼いてもかわいいです。

材料 （4人分）

グリーンアスパラガス（半分に切る）
　…1/2束（50g）
カニ風味かまぼこ…40g
スライスチーズ（半分に切る）…4枚
春巻きの皮（十文字に4等分する）…2枚
サラダ油…大さじ1
ガーリックソルトまたは塩、こしょう
　…各適量

作り方 （作業時間10分）

1 春巻きの皮にスライスチーズとカニかま、
アスパラをのせ、くるくる巻く。巻き終
わりは水とき片栗粉（分量外）を塗って
とじる。

2 フライパンにサラダ油を熱し、1を並べ
て中火で焼く。

3 きつね色になったら、ガーリックソルト
または塩、こしょうを振る。

400円／4人分

ミニトマト ミニトマトの ハーブマリネ

300円／4人分

夏はさっぱり食べたいよね！ 黄色いミニトマトも入るとかわいくなるよ。

材料 （4人分）

ミニトマト… 1パック（200g）
きゅうり（乱切り）… 2本（200g）
玉ねぎ（薄切り）… 1個（200g）
- オリーブ油…大さじ3
A カンタン酢（市販）…½カップ
- ハーブソルト…大さじ½

作り方 （作業時間10分）

1 耐熱ボウルに玉ねぎを入れ、電子レンジで3分加熱する。

2 トマトときゅうり、**A**を入れてまぜ、冷蔵室で2時間程度冷やす。

きのこ 鶏肉ときのこの もりもりアヒージョ

500円／4人分

価格高騰中でも、きのこだけは安定なのがうれしい。節約の味方をたっぷり使いました。

材料 （4人分）

エリンギ（5mm幅の輪切り）
　… 1パック（100g）
しめじ（根元をとり除いて分ける）
　… 1パック（100g）
まいたけ（根元をとり除いて割く）
　… 1パック（100g）
鶏むね肉（一口大に切る）… 1枚（350〜400g）
片栗粉…大さじ1
- ハーブソルト…小さじ1
A オリーブ油…150㎖
- にんにく（薄切り）… 1かけ（6g）
パセリ（乾燥）、ピンクペッパー…適量

作り方 （作業時間10分）

1 鶏肉に片栗粉をまぶし、フライパンに並べ、**A**を加えて中火にかける。

2 鶏肉に焼き色がついたらエリンギ、しめじ、まいたけを加えて炒める。器に盛り、パセリとピンクペッパーを振る。

チーズのおかげでコク深い鍋に

トマトチーズのミルフィーユ白菜鍋

白菜たっぷり、わが家で人気の鍋。
チーズとミニトマトで洋風仕立てにしています。

材料　（4人分）

白菜（3cm幅のざく切り）…½個（1kg）
ミニトマト…200g
豚こまぎれ肉…300g
スライスチーズ…6枚
A ┌ コンソメスープのもと（顆粒）…大さじ1
　├ チューブにんにく…大さじ½
　└ 湯…200㎖
黒こしょう…少々
追加のスライスチーズ…2枚

作り方　（作業時間30分）

1 鍋に白菜の断面が上を向くように立てて並べ、すき間に豚肉を入れ込む。

2 スライスチーズを適当な大きさにちぎり、すき間にさらに入れ込み、ミニトマトをのせる。

3 Aを加え、ふたをして中火にかけて10〜15分煮込む。

4 黒こしょうを振り、追加のスライスチーズをのせて再びふたをして、チーズが溶けるまでおく。

450円／4人分

500円／4人分

苦手な子がパクパク食べる

魚介のレシピ

魚が苦手っていう声がよく聞こえてきます。
うちでもそうでした。
そんなわが家で子どもたちが喜んで食べる
レシピを紹介します！

╱ 野菜たっぷり、この酸味にヤミツキ ╲

あじ

あじの南蛮漬け

あじが安く手に入ったらこれ！
カリッと焼いて漬け込むだけ。野菜はお好みでどうぞ。

材料 （4人分）

あじ（三枚おろしした切り身）… 8枚
赤パプリカ（赤・黄、細切り）… 各½個（150g）
玉ねぎ（薄切り）… 1個（200g）
米粉… 大さじ2
A ┌ めんつゆ（4倍濃縮）… 大さじ2
  │ チューブにんにく、チューブしょうが
  └ … 各小さじ½
カンタン酢（市販）… 500㎖
サラダ油… 大さじ5～6

作り方 （作業時間15分）

1 あじは軽く料理酒（分量外）を振り、しばらくおいてくさみをとる。水けをふき、**A**をもみ込んで、米粉をまぶす。

2 フライパンにサラダ油を熱し、**1**を並べて中火で焼く。

3 容器にパプリカと玉ねぎ、カンタン酢を入れる。焼き上がった**2**をすぐに入れ、1時間ほど漬ける。

魚肉ソーセージ

\おやつにもぴったり！　ついつまんじゃう／

魚肉ソーセージの豆腐唐揚げ

何作ろうか思い浮かばない日、わが家はこれ。末娘の大好物。
豆腐に魚肉ソーセージを入れて揚げ焼きにすると、大歓声が上がります。

材料　（12個程度分）

魚肉ソーセージ…2本
水きり豆腐…1丁（400g）
┌ 中華だしのもと（顆粒）…大さじ½
A ミックスチーズ…50g
└ 片栗粉…大さじ5
片栗粉…適量
サラダ油…大さじ4

作り方　（作業時間15分）

1 ボウルに豆腐を入れ、泡立て器かハンドブレンダーでクリーム状にする。**A**を入れ、しっかりとまぜる。

2 魚肉ソーセージは縦半分に切り、さらに⅓長さに切り、ソーセージを**1**で包み込むように成形する。片栗粉をまぶす。

3 フライパンにサラダ油を熱し、**2**を並べて中火で焼く。

さば缶 さば缶ナゲット

160円／4人分

魚嫌いもうなる！　もう魚いや、とは言わせん、と作ったら大好評でした。

材料 （4人分）

さば缶（水煮）… 1缶（160g）
水きり豆腐… 1丁（400g）
A ┌ 中華だしのもと（顆粒）… 大さじ½
　│ チューブにんにく、
　└ 　チューブしょうが… 各小さじ1
B ┌ 米粉… 大さじ5
　└ ミックスチーズ… 100g
サラダ油… 大さじ3〜4

作り方 （作業時間15分）

1 ボウルに豆腐を入れ、泡立て器かハンドブレンダーでクリーム状にする。

2 缶汁をきったさばと**A**を入れてしっかりとまぜ、**B**を加えまぜる。

3 フライパンにサラダ油を入れて熱し、**2**をスプーンですくって入れ、中火で焼く。

いわし 本気のいわし甘露煮

100円／4人分

いわしを見つけたときによく作ります。ただ煮込むだけなのに、**本格派**です。

材料 （6尾分）

真いわし… 6尾（450g）
料理酒… 100㎖
ねぎ（5㎝長さに切る）… ½本（100g）
A ┌ 料理酒… 大さじ3
　│ 砂糖… 大さじ2
　│ みりん… 大さじ2
　│ しょうゆ… 大さじ3
　│ 水… 200㎖
　└ はちみつ… 大さじ1
いり白ごま… 適量

作り方 （作業時間20分）

1 いわしは内臓をとり出してきれいに洗い、料理酒に15分つける。

2 フライパンに水けをふいた**1**を並べ、ねぎと**A**を入れて中火にかける。沸騰したら火を弱め、落としぶたをし、汁がほぼなくなるまで煮詰める。皿に盛り、ごまを振る。

さば缶 さばミルフィーユ ズッキーニシュウマイ

安くておいしいさば缶を活用して
トースターで5分ちょいでできちゃうよ!

200円／4人分

材料 （10個分）

さば缶（水煮）…1缶（160g）
ズッキーニ（5mm幅の輪切り）…1本（170g）
餃子の皮…10枚
スライスチーズ（十文字に4等分する）
　…2と½枚
A ┌ 中華だしのもと（顆粒）…大さじ½
　└ マヨネーズ…大さじ2

作り方 （作業時間16分）

1 ズッキーニは軽く塩（分量外）を振ってしばらくおく。水分が出てきたらふきとる。

2 ボウルに、缶汁をきったさばを入れ、Aを入れてまぜる。

3 軽く水にぬらした餃子の皮にズッキーニをおき、2をのせて、もう1枚のズッキーニではさむ。餃子の皮で包んで密着させ、スライスチーズをのせる。

4 オーブントースターの天板にアルミホイルを敷き、3をのせて6分程度焼く。

カニかま 厚揚げとカニかまで 作る即席唐揚げ

厚揚げならすぐ使えるから、
子どもの「おなかすいたー！」に即対応。

100円／4人分

材料 （12個分）

カニ風味かまぼこ（5cm長さの輪切り）
　…40g
厚揚げ…2枚（200g）
細ねぎ（小口切り）…30g
A ┌ 中華だしのもと（顆粒）…大さじ½
　│ チューブにんにく、チューブしょうが
　│ 　…各小さじ1
　└ 米粉、片栗粉…各大さじ2
サラダ油…大さじ3〜4

作り方 （作業時間15分）

1 厚揚げは厚さを半分に切り、1cm幅の細切りにする。

2 ボウルに1とカニかま、ねぎ、Aを入れ、全体をしっかりとまぜて一口大に丸める。

3 フライパンにサラダ油を熱し、2を中火で焼く。

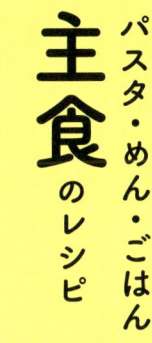
500円／4人分

子どもたちはパスタやめん類のメニューが大好き。献立に悩んだら、とにかくこれ作れば間違いない！時間がないときにおすすめです。

╲ 子どもが喜び、ママ楽の最高レシピ ╱

パスタ **昔懐かしいナポリタン**

フライパンひとつで作るワンパンパスタです。
順番にどんどん入れていくだけでできちゃう簡単さ！

材料 （4人分）

スパゲッティ（1.6mmか1.8mm）… 400g

ピーマン（細切り）… 4個（120g）

冷凍パプリカ（市販）… 250g

玉ねぎ（薄切り）… 1個（150g）

ウインナソーセージ（斜め薄切り）… 150g

A
┌ トマト缶（カットタイプ）… 1缶（400g）
│ コンソメスープのもと（顆粒）… 大さじ1
│ トマトケチャップ… 大さじ4
│ ウスターソース… 大さじ1
│ チューブにんにく… 大さじ½
│ オリーブオイル… 大さじ1
└ 塩こしょう… 少々

作り方 （作業時間15分）

1 フライパンに水1ℓを入れて火にかけ、沸騰したらスパゲッティを入れ、袋の表示時間どおりにゆでる。

2 ゆで時間が残り3分になったら玉ねぎを入れ、残り時間1分でピーマンとパプリカ、ソーセージを加えゆでる。

3 ゆで上がったら湯をきって **A** を加える。再度中火にかけ、水けをとばしながらしっかりとまぜる。皿に盛り、パルメザンチーズ（分量外）を振る。

豚キムチ焼きそば

焼きそば

野菜たっぷりの焼きそばに、
キムチも投入。ガツンとくる
味わいで食べれば元気が出るぞ！

500円／4人分

材料 （4人分）

豚こまぎれ肉…250g
米粉…大さじ1
キャベツ（ざく切り）…½玉（500g）
にんじん（斜め薄切り）…1本（150g）
にら（5cm長さに切る）…1束（100g）
キムチ…100g
A ┌ 中華だしのもと（顆粒）…大さじ2
　├ しょうゆ…小さじ1
　└ 水…200ml
サラダ油…大さじ2
蒸しちゃんぽんめん（焼きそばめん）…200g×4袋
いり白ごま…適量

作り方 （作業時間20分）

1 豚肉に米粉をまぶす。

2 フライパンにサラダ油を熱し、**1**、にんじんを加え、中火で焼く。豚肉に焼き色がついたら、ひっくり返してキャベツを入れ、炒め合わせる。

3 キャベツがやわらかくなったら、にらとキムチ、蒸しめん、**A**を加え、汁けがなくなるまで炒める。

4 器に盛り、ごまを散らす。

かぶの葉
ジェノベーゼパスタ

パスタ

かぶの葉って捨てちゃうの、もったいない
やん？　ほら、おしゃれな料理にヘンシン！

150円／4人分

材料 （4人分）

スパゲッティ（1.6mmか1.8mm）…400g
ベーコン（短冊切り）…2枚
ガーリックソルト…4振り
干しえび…10g
〈ジェノベーゼソース〉
かぶの葉と茎（2mm幅に切る）…20g
大葉（細切り）…10g
チューブにんにく…大さじ½
オリーブ油…100ml

作り方 （作業時間20分）

1 フードプロセッサーまたはミキサーに、ジェノベーゼソースの材料をすべて入れてかくはんする。

2 フライパンに湯を沸かし、スパゲッティを袋の表示時間どおりにゆでる。

3 ざるに上げて湯をきり、フライパンに戻して**1**、ベーコン、ガーリックソルトを入れてまぜる。干しえびをのせる。

ちゃんぽん
豚こまとカニかまで作るちゃんぽん風

牛乳にダシダを入れるとしっかりとんこつ味とよ！長男のイチオシ。

650円／4人分

材料 （4人分）

豚こまぎれ肉…300g
キャベツ…2/3個（800g）
にんじん…1本（150g）
もやし…1袋（200g）
カニ風味かまぼこ…1袋（75g）
　┌ ダシダ…大さじ2
　│ チューブにんにく、チューブしょうが
　A　　…各大さじ1/2
　│ 牛乳…1ℓ
　└ 塩コショウ…少々
蒸しちゃんぽんめん…4袋
黒こしょう…適量

作り方 （作業時間30分）

1 キャベツはざく切りにする。にんじんは拍子木切りに切る。カニかまは適当に割る。

2 鍋にキャベツとにんじん、Aを入れ、中火にかける。沸騰する直前で弱火にし、ふたをして15分煮込む。

3 豚肉とカニかまを野菜の周りに並べ、真ん中にめんを入れ、もやしをのせてふたをし、肉に火が通るまで煮込む。器に盛り、黒こしょうを振る。

ごはん
鶏手羽元とたけのこのカオマンガイ風

焼き肉のたれを使ってカオマンガイ風に。炊飯器で一発完成！

600円／4人分

材料 （4人分）

鶏手羽元…8本
米…600g（4合）
たけのこの水煮（5mm角切り）…100g
にんじん（細切り）…1本（150g）
油揚げ（5mm角に切る）…2枚
ベーコン（3mm角に切る）…2枚
　┌ 焼き肉のタレ…大さじ4
　A みりん…大さじ4
　└ ごま油…大さじ1
パセリ（乾燥）…適量

作り方 （作業時間10分、炊飯時間は除く）

1 炊飯器の内釜に米、Aを入れ、内釜の目盛りの4合まで水（分量外）を加え、軽くまぜる。

2 にんじん、たけのこ、ベーコン、油揚げ、手羽元をのせ、軽く押して水に浸るようにする。

3 炊飯器にセットし、通常の炊飯モードで炊く。器に盛り、パセリを振る。

餃子の皮で小松菜の お手軽キッシュ

餃子の皮

安くておいしい餃子の皮を活用して
トースターでかんたんにできちゃうよ！

200円／4人分

材料 （6個分）

餃子の皮…12枚
冷凍小松菜…100g
ベーコン（あらみじんに切る）…1枚
まいたけ（食べやすく割く）…1パック
A ┌ コンソメスープのもと（顆粒）…大さじ½
　 └ チューブにんにく…小さじ1
生クリーム…100㎖
ミックスチーズ…50g
サラダ油…大さじ1
トッピング
│ ミックスチーズ…40g
│ パセリ（乾燥）…少々

作り方 （作業時間15分）

1 マフィン型に餃子の皮を2枚重ねて入れる。

2 フライパンにサラダ油を熱し、小松菜とベーコンを入れて炒める。小松菜がやわらかくなったら、まいたけとA、生クリーム、ミックスチーズを順に入れ、その都度まぜる。

3 1に2を流し込み、ミックスチーズとパセリを振り、オーブントースターで10分焼く。

餃子の皮の キムチピザ

餃子の皮

50円／4人分

餃子の皮が余ったな……そういうときはこれ！
子どもたち大絶賛のピザができました。

材料 （12個分）

餃子の皮…12枚
玉ねぎ（薄切り）…½個（100g）
キムチ…50g
スライスチーズ（半分に切る）…6枚
細ねぎ（小口切り）…適量

作り方 （作業時間13分）

1 玉ねぎは耐熱ボウルに入れ、電子レンジで5分加熱する。

2 餃子の皮を並べ、1とキムチ、スライスチーズの順にのせる。

3 オーブントースターで5分程度焼く。器に盛り、細ねぎを散らす。

500円／4人分

おでん

手羽元の具だくさんおでん

寒くなってきたらこれ！ わが家の味

手羽元はオーブンで焼いて、大根をレンチンすることでこっくりした味しみになって、ごはんがすすむすすむ！

材料 （4人分）

鶏手羽元…8本
大根（3cm幅の輪切り）…1本（1kg）
A ┌ めんつゆ（4倍濃縮）、みりん…各100㎖
　　チューブにんにく…大さじ1
　└ 湯…800㎖
厚揚げ（4等分にする）…2枚
こんにゃく（一口大にする）…1枚
ごぼう天（半分に切る）…3本
ゆで卵…4個

作り方 （作業時間70分）

1 大根は、皮をむき、面とりをして6等分の切り目を入れる。耐熱皿に並べ、電子レンジで10分加熱する。

2 手羽元は、クッキングシートを敷いたオーブンの天板に並べ、180度のオーブンで30分焼く。

3 鍋に1、Aを入れて中火にかける。沸騰したら火を少し弱め、大根が色づくまで10分程度煮込む。

4 厚揚げ、こんにゃく、卵、ごぼう天、2を加え、ふたをして15分煮込む。

600円／4人分

ライスペーパー（生春巻きの皮）は使い勝手がよいので、わが家の常備品のひとつ。巻いたり、包んだり、のせて焼いたりして楽しんで作ってみてください。

\外はカリッ、中はフワッ!/

えび焼き生シュウマイ

豆腐のおかげでふっくら、食べごたえがあります。
ライスペーパーは油なしで焼けるのでヘルシーです。

材料 （24個分）

生春巻きの皮（十文字に4等分する）… 6枚
水きり豆腐… 1丁（400g）
はんぺん… 1袋（90g）
むきえび（5mm幅に切る）… 300g

A
- 鶏ガラスープのもと（顆粒）… 大さじ1/2
- チューブにんにく、チューブしょうが… 各小さじ1
- マヨネーズ… 大さじ1
- レモン果汁… 小さじ1
- 米粉… 大さじ5
- 片栗粉… 大さじ3

作り方 （作業時間30分）

1. ボウルに豆腐とはんぺんを入れ、ブレンダーなどでクリーム状にする。えびとAを入れてまぜる。

2. 生春巻きの皮は水にぬらし、1をのせて棒状に包む。両端をつけて丸く形をととのえる。

3. フライパンに2を並べ、中火で焼く。

豆腐のかさまし料理がベトナムの味に

豚こまバインチャンヌン

ベトナムの屋台の味を家庭で手軽に。
食卓で旅行気分が簡単に味わえちゃいます。

材料 （10枚分）

生春巻きの皮…10枚
豚こま切れ肉（1cm程度に切る）…300g
水きり豆腐…1丁（400g）
A
┌ 中華だしのもと（顆粒）…大さじ½
│ トマトケチャップ、スイートチリソース
│ 　…各大さじ1
│ チューブにんにく、チューブしょうが
│ 　…各小さじ1
└ 米粉、片栗粉…各大さじ3
干しえび、フライドオニオン…各大さじ3強
ミックスチーズ… 50g程度
卵… 5個

作り方 （作業時間40分）

1 ポリ袋に豆腐を入れ、しっかりとつぶす。豚肉と A を入れ、手でもんでしっかりとまぜる。10等分にする。

2 フライパンに生春巻きの皮をおき、**1** を広げる。

3 ボウルに卵1個をとき、½量を **2** に流し入れ、中火にかける。干しえび、フライドオニオンを振りかけ、チーズをのせる。

4 生春巻きの皮がやわらかくなったら、半分に折り曲げ、フライ返しでしっかりと押さえながら焼く。

5 残り9枚分も同様に焼く。

400円／4人分

ライスペーパー広島風お好み焼き

広島風お好み焼きって、具が多くて作るの大変そう…？
いやいや、ライスペーパーを使ったらカンタンにできるとよ。

材料　（26〜28cm2枚分）

豚こま切れ肉… 200g
もやし… 2袋（400g）
蒸し焼きそばめん（ちゃんぽんめん）
　… 2袋（400g）
水きり豆腐… 1丁（400g）
A
　かつおだし（顆粒）…大さじ1
　干しえび、天かす、削り粉…各大さじ1
　米粉…大さじ4
　片栗粉…大さじ3
卵… 2個
生春巻きの皮… 4枚
細ねぎ（小口切り）、削り粉…各適量

作り方　（作業時間20分）

1 ポリ袋に豆腐と**A**を入れ、よくまぜる。

2 フライパンに生春巻きの皮をおき、卵1個を割り入れて軽くといたら、豚肉の半量を広げ、**1**も半量をのせて広げる。

3 **2**にめん1袋ともやし200gをのせ、ふたをして中火で焼く。

4 もやしが少ししんなりしたら、軽く水でぬらした生春巻きの皮をかぶせ、ひっくり返す。フライ返しで押しながら、もやしがしんなりして、かさが半分ほどになるまで焼く。残りも同様に焼く。ねぎをのせ、削り粉を振る。

Part
4
アイディア勝負！サブおかずと野菜のおかず60

ライスペーパーもや卵餃子

ノンオイルでこのボリューム！
おなかをすかせた子どもたちを満足させる一品です。

350円／4人分

材料 （26〜28cm2枚分）

豚こまぎれ肉（5mmに切る）… 350g
もやし（包丁の背でたたいて細かくする）
　… 2袋（400g）
大葉（細切り）… 5g
A
┌ 中華だしのもと（顆粒）… 大さじ½
│ チューブにんにく、チューブしょうが
│ 　… 各小さじ1
│ マヨネーズ… 大さじ1
│ 米粉… 大さじ5
└ 片栗粉… 大さじ4
生春巻きの皮… 2枚
卵… 2個

作り方 （作業時間20分）

1 ボウルに、水けをしぼったもやしと豚肉、大葉、Aを入れてまぜる。

2 フライパンに生春巻きの皮をおき、卵1個を割り入れてほぐす。1の半量を広げる。

3 ふたをし、中火で5分ほど焼く。焼き色がついたらひっくり返し、フライ返しでしっかりと押さえながら焼く。残りも同様に焼く。

豚こましそチーズ棒餃子

おなかがすいてくると、何かつまみたくなりませんか？　そんな要求にはこれがばっちり。

400円／4人分

材料 （14本分）

豚こまぎれ肉（1cmに切る）… 350g
冷凍豆腐… 1丁（400g）
A
┌ 中華だしのもと（顆粒）… 大さじ½
│ チューブにんにく、チューブしょうが
│ 　… 各小さじ1
│ マヨネーズ… 大さじ1
│ 米粉… 大さじ5
└ 片栗粉… 大さじ3
生春巻きの皮（半分に切る）… 7枚
大葉（半分に切る）… 7枚
スライスチーズ（半分に切る）… 7枚

作り方 （作業時間20分）

1 ボウルに水けをしぼった冷凍豆腐を入れ、細かくちぎる。豚肉とAを入れ、全体をまぜる。

2 生春巻きの皮を水にぬらす。まな板の上に広げ、大葉、チーズ、1を棒状にしてのせる。

3 生春巻きの皮でくるっと包み、ねじる。

4 フライパンに3を並べ、中火で焼く。

250円／4人分

え、そんなとこまで利用するの？とSNSで
話題になったレシピです。
あと一品というときの副菜や、
一品料理になるので、覚えておくと便利ですよ。

\捨てるとこないよ！　大根使い倒せ！/

**大根の
皮**

大根の皮で包まない
肉シュウマイ

大根の皮、使い道に困ったらこれ作ってみて。
まさかこれが大根の皮？っちぐらい、もちもちしてヤミツキです。

材料 （20個分）

大根の皮、大根（ともにせん切り）
　…合わせて500g
豚こまぎれ肉（1cm長さに切る）… 300g
A
　「中華だしのもと（顆粒）…大さじ½
　チューブにんにく…小さじ1
　オイスターソース…大さじ1
　└片栗粉…大さじ5
餃子の皮… 20枚
サラダ油…大さじ2

作り方 （作業時間15分）

1　耐熱ボウルに大根の皮と大根を入れ、電子
　レンジで8分加熱する。豚肉とAを入れて
　まぜる。

2　フライパンにサラダ油を入れて、1をスプ
　ーン1杯分すくい、餃子の皮にのせ、くる
　りとひっくり返して（タネを下にして）フ
　ライパンに並べる。これを繰り返して残り
　も同様にする。ふたをして中火で焼く。

3　焼き色がついたら、皿にひっくり返して盛
　りつける。

材料 （4人分）

にんじんのへたのまわり、大根の皮
　（それぞれ細切り）… 200g
玉ねぎ（みじん切り）… ½個（100g）
豚ひき肉… 200g
冷凍豆腐（木綿）… 1丁（400g）
米粉… 大さじ2
ひよこ豆の水煮… 100g
- A
  - トマト缶（カットタイプ）… 1缶（400g）
  - コンソメスープのもと（顆粒）… 大さじ1
  - チューブにんにく… 大さじ½
  - ウスターソース… 大さじ1
  - カレールー… ½箱
  - 水… 200㎖
サラダ油… 大さじ2
ごはん… 800g
ゆで卵（スライス）… 2個
パルメザンチーズ… 適量
パセリ（乾燥）… 適量

作り方 （作業時間15分）

1　冷凍豆腐はしっかりと水けをしぼり、1cm角に切る。ひき肉と豆腐に米粉をまぶす。

2　フライパンにサラダ油を熱し、**1**を入れて、焼き色がつくまで動かさないで中火で焼く。焼けたらひっくり返し、玉ねぎ、にんじん、大根を入れて炒める。

3　野菜がやわらかくなったらひよこ豆を加え、**A**を入れてまぜ、ふたをして10分ほど煮込む。

4　器にごはんを盛りつけ、**3**をかけてゆで卵を添え、パルメザンチーズ、パセリを振る。

300円／4人分

にんじんの
へた、
大根の皮

たんぱく質たっぷり！ 元気が出る

ひよこ凍り豆腐トマカレー

にんじんのへたのまわりや大根の皮って、まだまだ使えますよ！

ブロッコリーの茎ガレット

ブロッコリーの茎

150円／4人分

茎はスライサーで薄切りすればかたいところも使えます。豆腐と一緒にガレットにしてみたよ！

材料 （26〜28cm 2枚分）

ブロッコリーの茎…300g
水きり豆腐…1丁（400g）
A［
中華だしのもと（顆粒）…大さじ1
チューブにんにく…小さじ1
ミックスチーズ…100g
片栗粉…大さじ4
］
サラダ油…大さじ4

作り方 （作業時間15分）

1 ブロッコリーの茎は、スライサーで薄く切り、耐熱ボウルに入れて電子レンジで8分加熱する。

2 別のボウルに豆腐を入れ、泡立て器、もしくはハンドブレンダーでクリーム状にする。1とAを入れてまぜる。

3 フライパンにサラダ油大さじ2を熱し、2の半量を広げて中火で焼く。焼き色がついたらひっくり返す。残りも同様に焼く。

ハッシュドポテ皮チキン

じゃがいもの皮

250円／4人分

皮にもうまみがあります！緑色になっていたり、芽が出ているところは食べないでくださいね。

材料 （4人分）

じゃがいもの皮（細切り）…150g
鶏むね肉（3mm角に切る）…1枚（350〜400g）
A［
コンソメスープのもと（顆粒）
…大さじ½
チューブにんにく…小さじ1
ミックスチーズ…80g
片栗粉…大さじ4
マヨネーズ…大さじ2
］
サラダ油…大さじ3〜4

作り方 （作業時間15分）

1 ボウルにじゃがいもの皮、鶏肉、Aを入れて、全体をまぜる。

2 フライパンにサラダ油を熱し、一口大に丸めた2を並べて中火で焼く。

3 焼き色がついたらとり出し、油をきる。

切りもち 厚揚げ 明太チーズ

正月のお酒のつまみに最適な明太もちチーズ。
残りもののもちが力を発揮します！

150円／4人分

材料 （6個分）

切りもち（半分に切る）… 200g
スライスチーズ（半分に切る）… 3枚
厚揚げ（6×6cm）… 3枚
明太子… 適量
パセリ（乾燥）… 適量

作り方 （作業時間15分）

1 厚揚げは半分に切り、真ん中に切り込みを入れる。もちに明太子を塗り、スライスチーズで包んで厚揚げの切れ目に入れる。

2 耐熱容器に並べ、明太子をのせてラップをかけ、電子レンジで5分加熱する。もちがまだかたいようであれば、追加で1分ずつ様子を見ながら加熱する。器に盛り、パセリを振る。

えびの殻 えびの殻の パリパリチップス

えびの殻のうまみに気づいて！
青のりがさらにおいしくしてくれます。

0円

材料 （作りやすい量）

えびの殻… 10g程度
A ┌ コンソメスープのもと（顆粒）
  │ … 大さじ½
  └ 青のり… 大さじ2
薄力粉… 大さじ3
サラダ油… 大さじ5〜6

作り方 （作業時間10分）

1 えびの殻は、くさみとりのために料理酒（分量外）を軽く振りかける。

2 水けをふき、ポリ袋に入れてAとよくまぜ、薄力粉も加えてまぜる。

3 フライパンにサラダ油を熱し、2を入れて中火で焼く。

ドキドキ！
わが家の食費
総決算

お祝い料理なら
まかせて

末娘の好きな料理、
たくさん作った！

6月
家族の誕生日が集中する
月だから、パーティー1回、
誕生日5回で毎年
ちょっとした額になります

3月
年度末の修了パーティー、
4月の末娘の
幼稚園入園祝いも
一緒に開催

6月　5月　4月　3月　2月　1月

予算オーバー、でも…？

　家族の予定や恒例行事、お祝いごとなど、
イベントがあるときはどうしても食費もかさ
みます。そこはあらかじめわかっていたもの
として織り込んだうえで、1年を通して目標
予算に近かったらヨシとしています。
　この年は月平均にすると4.1万円強。合格
ラインだねとパパと話し合いました。

だいたい予測した通り
月平均だと4.1万円

126